SPANNENDE GESCHICHTEN

A graded reader for intermediate students

Harry A. Walbruck

National Textbook Company
NTC a division of *NTC Publishing Group* • Lincolnwood, Illinois USA

A Note to Students

You have moved up to a level where reading a second language can be enjoyable as well as educational. The book you are going to read, whether it is in Spanish, French, German, or Italian, will not only provide you with hours of reading enjoyment, it will also give you the confidence that you are growing in the language you have chosen to study.

The tales in this series have been largely written with a humorous bent, and most of them may be read within a single class period. Grammar and vocabulary have been specially tailored to your level, so that you can understand and enjoy the readings with a normal amount of effort.

After you have finished these humorous stories, you will want to read all the books in the set for your language. There is a total of four sets. In Spanish, you will find *Diálogos simpáticos, Cuentitos simpáticos,* and *Cuentos simpáticos;* in French, *Dialogues sympathiques, Petits contes sympathiques,* and *Contes sympathiques;* in German, *Lustige Dialoge, Lustige Geschichten,* and *Spannende Geschichten;* and in Italian, *Dialoghi simpatici, Raccontini simpatici,* and *Racconti simpatici.*

The dialogues and stories in these books have all been recorded on cassette tapes, so that both your reading ability *and* your listening comprehension are developed through these sets.

Whatever language you are studying, the books and tapes in this series offer you a great deal to learn and enjoy.

1997 Printing

Published by National Textbook Company, a division of NTC Publishing Group.
©1990, 1985, 1980 by NTC Publishing Group, 4255 West Touhy Avenue,
Lincolnwood (Chicago), Illinois 60646-1975 U.S.A.

7 8 9 0 ML 9 8 7 6 5 4 3

Introduction

Spannende Geschichten is a comprehensive reader specially designed for students in their second year of German. The book features ten mystery stories that have proven successful with second-year classes. Most of the stories are humorous and each one offers a wealth of cultural references, usually related to the German region where the action takes place.

The shorter tales, as well as individual chapters of the longer ones, were written to be read and discussed in one class period. Emphasis has been placed on high frequency vocabulary—with newly introduced words often reappearing in subsequent stories for reinforcement. The language used throughout is modern colloquial German; speech patterns of the characters reflect the rhythms and idioms of everyday speech. To facilitate reading, difficult words and expressions have been glossed in the margin of the text. In addition, a German-English Vocabulary is included at the back of the book.

A series of exercises accompanies each story. Vocabulary exercises immediately follow the stories and also test comprehension. Active exercises consist of questions that relate to the content of the story, while passive ones take the form of matching, multiple choice, and rearranging scrambled sentences. Synonym and antonym groups are also provided, as well as a considerable number of verb drills.

Spannende Geschichten may be used both as a supplementary reader in the intermediate German class and for independent study.

Also available are *Lustige Dialoge* and *Lustige Geschichten,* graded readers for *beginning* German-language students. They parallel the structural development and content of this book. Teacher's Guides accompany all three of the texts in this series.

Contents

1. Der Kirschbaum°

Kirschbaum cherry tree

"Zehn Minuten", sagt der Gefängniswärter,° als er mich in den Besucherraum° führt. Dann sitze ich Emanuel Wurstler gegenüber, meinem früheren° Nachbarn von der Kaiser-Wilhelm-Strasse. Er lächelt mich müde durch seine dicken Brillengläser° an.

Gefängniswärter jailer
Besucherraum visiting room
früher former
Brillengläser eyeglasses

"Wie geht es Frieda?" ist seine erste Frage.

"Sie grüsst und kommt nächste Woche wieder", sage ich. Frieda ist seine Tochter, die ihm, seit er seine Frau verloren hat, den Haushalt führt.°

"Das gute Kind!" seufzt° Emanuel. Obwohl seine Tochter schon neunzehn Jahre alt ist, nennt er sie immer noch so.

Haushalt führen to keep house
seufzen to sigh

Und dann erzählt er mir traurig, weshalb er hier im Gefängnis sitzt. "Es ist wegen Friedas Überraschung",° beginnt er. "Aber ich verdiene° die Strafe. Wenn ich das Geld auch nur fand . . ."

"Es war nicht meine eigene Aktentasche,° die ich vom Bus mit nach Hause nahm,"·fährt er nach einer Weile fort. "Aber sie sah genau wie meine aus und war gegen meinen Sitz gelehnt.° Erst daheim erkannte ich meinen Irrtum,° als ich das Geld darin fand. Es waren über° achttausend Mark."

Emanuel nimmt seine Brille ab und wischt sich die Augen.

"Ich vergrub°die Tasche, die mir nicht gehörte, in unserem Hinterhof.° Wir Menschen sind schwache Kreaturen; nicht jeder von uns ist gegen alle Versuchungen° gefeit.°—Dann kam Friedas Überraschung. Immer schon wollte ich einen Kirschbaum haben. Sie kaufte mir einen, am Abend vor meinem Geburtstag, und pflanzte° ihn im Hinterhof ein.° An derselben Stelle, wo die Tasche mit dem Geld vergraben war! Sie fand sie und brachte sie zur Polizei . . . Was dann geschah, wissen Sie."

Der Wärter hustet;° ich muss gehen.

"Gott sei dank erhielt der Verlierer, ein junger Bankangestellter,° am nächsten Tag das Geld zurück", sagt Emanuel beim Abschied. "Grüssen Sie meine Tochter, Sie soll sich um mich keine Sorgen machen.° Ich muss nur noch ein halbes Jahr hierbleiben."

Überraschung surprise
verdienen to deserve
Aktentasche briefcase
gelehnt leaning
Irrtum error, mistake
über more than
vergraben bury
Hinterhof backyard
Versuchungen temptations
gefeit (gegen) immune (from)
einpflanzen to plant
husten to cough
Bankangestellter bank employee
sich Sorgen machen (um) to worry (about)

1. Wie lange darf der Erzähler im Besucherraum bleiben?
2. Wem sitzt er dann gegenüber?
3. Was sagt der Erzähler von Frieda?
4. Was tut sie, seit Emanuel seine Frau verloren hat?
5. Weswegen sitzt Emanuel im Gefängnis?
6. Wogegen war die Aktentasche gelehnt, die Emanuel mit nach Hause nahm?
7. Wo vergrub er die Tasche?

8. Wogegen ist nicht jeder von uns gefeit?
9. Wann kaufte Frieda den Kirschbaum?
10. Wann erhielt der Verlierer das Geld zurück?
11. Um wen soll Frieda sich keine Sorgen machen?
12. Wie lange muss Emanuel noch im Gefängnisbleiben?

2. Hildas erster Fall°

Fall   case

I

"Ja, dies ist ein Bild von uns beiden", sagte Franz Werner zu dem Herrn von der Versicherung.° "Der Schiffsfotograf hat es am ersten Tag unserer Hochzeitsreise° gemacht. Ein paar Stunden später, noch am gleichen Abend, ist meine Frau über Bord° gefallen."

Der Vertreter° legte das Foto zu den anderen Papieren auf seinen Schreibtisch zurück. "Beschreiben Sie das Unglück° noch einmal", sagte er dann.

Der junge Witwer° zog sein Taschentuch hervor. "Es war so stürmisch° nach dem Abendessen, und das

Versicherung   insurance

Hochzeitsreise   honeymoon trip
über Bord   overboard
Vertreter   agent

Unglück   accident

Witwer   widower
stürmisch   stormy

4

Schiff schaukelte° sehr. Trotzdem wollte Luise noch einmal an Deck, um mit mir das brausende° Meer zu betrachten. Es war unser Hochzeitstag, Sie verstehen, und sie fand es so romantisch . . . Der Sturm war aber so stark, dass sie mich bat, ihren Schal° zu holen. Als ich von unserer Kabine° zurückkam, war sie verschwunden."

"Ihre Lebensversicherung war sehr hoch!" sagte der Vertreter mit einem Blick auf die Police.° "Weshalb?"

"Luise wollte es für uns beide so", antwortete ihm Werner und wischte sich die Augen. "Wir stammen° aus einfachen Verhältnissen° und wollten uns auf diese Art vor Notfällen° schützen. Ich bin genau so hoch versichert bei Ihnen. An solch eine Katastrophe hat natürlich keiner von uns gedacht." Er steckte das Taschentuch ein.

Der Vertreter sah zur Seite.

"Wir müssen natürlich den Bericht des Schiffsdetektivs° abwarten, ehe Sie das Geld bekommen. Niemand hat es gesehen, wie der Sturm Ihre Frau über Bord geworfen hat; das wissen Sie ja. Sogar ihr Hut, den man hinterher noch auf den Wellen schwimmen sah, ist kein absoluter Beweis° dafür, dass sie wirklich ertrunken ist."

Franz Werner stöhnte.°

"Glauben Sie mir, ich habe keine Minute seit dem Unglück geschlafen."

Der Vertreter erhob sich. "Wir tun, was wir können. Sie hören bald mehr von uns."

II

"Merkwürdig!"° sagte Hilda, die neue Assistentin des Schiffsdetektivs, als sie das Vergrösserungsglas° von dem Foto sinken liess. Sie sass ihrem Chef in der Schiffskabine gegenüber. "Mir fiel diese Frau sofort auf,° als ich ihr bei der Abfahrt° an Bord begegnete. Sehen Sie sich mal ihr Haar an, Herr Maier! Es ist bestimmt eine Perücke,° und eine schlechte dazu."

---

schaukeln to rock
brausen to rage

Schal scarf
Kabine cabin

Police (insurance) policy

stammen (aus) to originate (from)
Verhältnisse circumstances
Notfall distress, calamity, emergency

Schiffsdetektiv boat detective

Beweis evidence

stöhnen to groan

merkwürdig strange
Vergrösserungsglas magnifying glass
auffallen to attract one's attention
Abfahrt departure

Perücke wig

5

Der Detektiv rückte interessiert näher.

"Bestellen Sie sofort eine Vergrösserung° von dem Bild. Mir scheint auch, dass ihr das Kleid nicht gut passt."°

Schweigend nahm Hilda das Foto zurück. "Ich hab' es von dem Vertreter bekommen", erklärte sie nur noch und war schon zur Tür hinaus, als Maier durchs Kabinenfenster auf den Betrieb° im Hamburger Hafen blickte.

Ein tüchtiges° Mädchen! dachte er dabei. Hoffentlich bleibt sie uns weiter so nützlich.° Sie hat mehr auf dem Foto entdeckt als ich selbst . . .

Franz Werner rannte die Ost-West-Strasse hinunter zu dem Reisebüro° das nicht weit vom "Michel" entfernt lag. Noch einmal sah er sich um, ob ihm jemand folgte, aber seine Furcht schien unbegründet zu sein.

Er musste sich auf jeden Fall die Flugkarte° sichern; denn es war unmöglich, im voraus° zu wissen, wann er sie nötig haben würde. Bis jetzt schien alles geklappt° zu haben. "Keiner der anderen Passagiere° hat etwas gesehen", wiederholte er leise für sich. Und Frau Werner war und blieb verschwunden.

Im Reisebüro trat er sofort an den Schalter° und kaufte sich die Flugkarte.

"Herr Werner?" hörte er dann eine Stimme hinter sich. "Wohin geht Ihre nächste Reise, wenn ich fragen darf?"

Verblüfft° drehte er sich herum und starrte den Unbekannten an.

"Wer sind Sie, und woher kennen Sie mich?"

"Nur von einem Foto, aber das macht nichts.° Gestatten Sie—Maier, Josef Maier! Ich bin bei der Reederei angestellt,° mit der Sie Ihre Hochzeitsreise gemacht haben. Ich möchte Sie zu einem Glas Grog° einladen. Gleich hier um die Ecke ist ein Café."

Franz Werner nickte verlegen. Er wusste, dass er keine Wahl° hatte, und folgte dem Detektiv. Zwei Minuten später setzten sich die beiden sich an einem

Vergrösserung	enlargement
passen	to fit
Betrieb	bustle
tüchtig	efficient
nützlich	useful
Reisebüro	travel agency
Michel	(name of famous Hamburg church tower)
Flugkarte	plane ticket
(im) voraus	(in) advance
klappen	to work out
Passagier	passenger
Schalter	counter
verblüfft	taken aback
macht nichts	doesn't matter
Reederei	shipping line
angestellt	employed
Grog	hot punch (Hamburg specialty)
Wahl	choice

der Tischchen gegenüber, die vor dem Strassencafé° am "Michel" standen.

Strassencafé sidewalk cafe

III

"Es kann Ihnen nicht schaden,° mir die Wahrheit zu sagen", begann Maier. "Zum Beispiel nützt es Ihnen wenig abzustreiten,° dass Ihre Frau eine Perücke trug. Wir haben auch entdeckt, dass sie noch lebt." Werner starrte ihn an. "Ich verstehe Sie nicht," murmelte° er dann. "Da kommt meine Assistentin.—Hallo, Hilda, was haben Sie über Frau Werner erfahren?"

schaden to harm

abstreiten to deny

murmeln to mumble

Ungläubig blickte Werner von dem Detektiv auf das junge hübsche Mädchen, das zwischen ihnen Platz nahm und sich auch einen Grog bestellte.

"Sie sah Fräulein Kuss sehr ähnlich,° Bertha Kuss, die als Bardame° auf unserem Schiff gearbeitet hat. Nur trug sie dort nicht solch ein elegantes Kleid wie auf der Hochzeitsreise mit Ihnen, Herr Werner. Auch ihr Haar war ganz anders, dunkel statt hell, und sie trug eine Brille. Sogar der Kapitän hat sie zuerst nicht wiedererkannt. Nach dem vergrösserten Foto, das ich ihm zeigte, hat er sie aber identifiziert. Und sie selbst hat alles gestanden,° als sie vorhin, wieder als Fräulein Kuss, in der Schiffsbar erschien . . . Prost, Herr Werner!"

ähnlich sehen to resemble
Bardame (female) bar attendant

gestehen to confess

Ohne den beiden zu widersprechen,° ging Werner mit ihnen auf die nächste Polizeistation.

widersprechen to contradict

"Ja, ich habe Fräulein Kuss zu dem Schwindel überredet", erklärte er in der Vernehmung.° "Sie arbeitete in der Schiffsbar. Am Tage vor der Hochzeitsreise haben wir geheiratet, wozu ich ihr Papiere mit einem anderen Mädchennamen° besorgt habe. Dann schlossen wir die Versicherungen ab°—eine für sie und eine für mich. Sie kam mit mir verkleidet an Bord. Später zeigten wir uns zusammen beim Essen im Speisesaal."°

Vernehmung interrogation

Mädchenname maiden name
abschliessen to conclude

Speisesaal dining room

"Und danach gingen Sie mit ihr allein an Deck?" fragte Maier.

"Ja. Als ich mit dem Schal zurückkam, schwamm ihr Hut im Wasser hinter unserem Schiff. Ich rief sofort einen Matrosen° herbei und zeigte darauf. Er glaubte sofort, dass meine Frau ertrunken war."

Matrose sailor, member of boat's crew

"Und wo war sie in Wirklichkeit?"

"In unserer Kabine. Sie änderte schnell wieder ihr Äusseres,° versteckte ihr Kleid und ihre Perücke und erschien kurz darauf in der Schiffsbar, die gerade geöffnet wurde—als Bertha Kuss."

Äusseres outward appearance

Hilda nickte dem Polizeibeamten zu. "Sie hat dasselbe gestanden. Was nun, Herr Maier?"

nun now

"Ich bestelle Ihnen noch einen Grog!" sagte ihr Chef. "Wenn Sie alle Fälle so rasch lösen wie Ihren ersten, muss ich meinen Job aufgeben . . ."°

aufgeben to give up

I:
1. Mit wem sprach Franz Werner?
2. Was ist am gleichen Abend geschehen?
3. Wohin legte der Vertreter das Foto?
4. Wonach war es so stürmisch?
5. Woher stammten Werner und seine Frau?
6. Wovor wollten sie sich schützen?

II:
1. Wem sass Hilda gegenüber?
2. Wann begegnete sie der Frau?
3. Von wem hat Hilda das Foto erhalten?
4. Wer folgte Franz Werner?
5. Woher kannte Maier Herrn Werner?
6. Wo sassen die beiden sich gegenüber?

III:
1. Wem sah Frau Werner sehr ähnlich?
2. Wozu hat Werner das Fräulein überredet?
3. Wo arbeitete Bertha Kuss?
4. Wann hat er sie geheiratet?
5. Wo zeigten sich beide zusammen?
6. Wo erschien Bertha nachher?

3. Der Zauberkünstler°

Zauberkünstler
magician

I

"Das ist er, Herr Kommissar!" schrie Frau von Pilz aufgeregt.° "Er ist an mich herangetreten, als ich die Diamantenbrosche° anhatte. Ich hatte sie in meinem Haar getragen, und dann war sie plötzlich verschwunden!"

Pete Jansen, der Zauberkünstler, lächelte nur. In diesem Augenblick kam auch der Direktor des Thalia-Theaters in die Garderobe.°

"Alles haben wir untersucht,° den ganzen Zuschauerraum° von vorne bis hinten . . . Der Schmuck° war

aufregen to excite
Diamantenbrosche diamond brooch

Garderobe dressing room
untersuchen to examine
Zuschauerraum house (theater)
Schmuck jewelry

9

nirgendwo zu finden, weder auf, unter, neben, vor noch hinter einem der Sitze."

Der Kommissar sah auf Pete Jansen. "Schildern° Sie noch einmal genau, was geschah, als Sie von der Bühne° herunter ins Publikum° getreten waren", forderte er ihn auf. Dabei fiel sein Blick auf das grosse Plakat° über dem Spiegel an der Wand, das Jansen mit einem Zauberstab° darstellte.° "The World's Greatest Magician" stand darunter.

"Ganz einfach", erwiderte der Zauberkünstler. "Ich sprach, wie immer bei dem Auftritt° mit ein paar Zuschauern und auch mit dieser Dame. Sie alle gaben mir kleine Gegenstände,° die ich in etwas anderes verwandelte°—einen Ring in eine Uhr, einen Bleistift in ein Taschentuch, und so weiter. Dann bekam jeder das zurück, was er mir gegeben hatte. Ich habe den Trick überall vorgeführt,° nicht nur hier in München. Vorigen Monat bin ich noch auf dem Broadway in New York gewesen, wie mein Poster Ihnen zeigt!"

Der Kommissar nickte.

"Sind Sie ganz sicher, dass Sie mit der Brosche ins Theater gekommen waren?" fragte er dann Frau von Pilz.

"Mein Mann hat sie mir selbst ins Haar gesteckt",° schluchzte° sie und fiel in Ohnmacht.°

II

Daheim angekommen untersuchte der Kommissar ein kleines Stück Löschpapier.° Er hatte es auf dem Tisch in Jansens Garderobe bemerkt° und schnell eingesteckt.° In seinem Taschenspiegel° las er die Worte, die sich darauf abgezeichnet hatten: "WAND IN COFFER."

Coffer? Weshalb war es nicht mit "K" geschrieben?

Er pfiff leise durch die Zähne. "Coffer" war auch ein englisches Wort, und Jansen konnte Englisch. Das hatte er verraten,° als er das Plakat in seiner Garderobe als "Poster" bezeichnet° hatte. "Coffer" hiess

schildern to describe

Bühne stage
Publikum audience

Plakat poster
Zauberstab wand
darstellen to depict

Auftritt appearance

Gegenstand object
verwandeln (in) to change (into)

vorführen to perform

stecken to put, to stick
schluchzen to sob
in Ohnmacht fallen to faint

Löschpapier blotting-paper
bemerken to notice
einstecken to put in
Taschenspiegel pocket mirror

pfeifen to whistle

verraten to reveal

bezeichnen (als) to designate (as)

10

"Kasten." Was aber konnte das bedeuten: Wand im Kasten? Ein Versteck?° **Versteck** hiding place

Hatte Jansen die Brosche gestohlen, als er vor Frau von Pilz stand und seine Tricks vorführte? Hatte er sich hinterher rasch aufgeschrieben, wo er sie dann versteckt hatte, damit er sie später auch bestimmt° wiederfand? **bestimmt** certainly

Der Kommissar fuhr zum Theater zurück.

"Öffnen Sie die Garderobe des Zauberkünstlers!" befahl er dem erstaunten Nachtwächter,° als er ihm seinen Ausweis° gezeigt hatte. Unter den vielen Dingen, die Jansen für seine Vorführung benutzte, war auch ein Kasten. Und darin lag tatsächlich° der Gegenstand, den er als "Wand" bezeichnet hatte—nämlich ein Zauberstab. **Nachtwächter** night watchman
Ausweis credentials
tatsächlich indeed

Warum habe ich es nicht sofort bemerkt, dachte sich der Kommissar. Die ganze Notiz° war natürlich in englisch: "Wand in coffer – Zauberstab im Kasten"! **Notiz** note

Er drehte an dem Knopf° am Ende des Stabes. Dann zog er etwas heraus. **Knopf** button

Die Augen des Nachtwächters weiteten° sich, als er sah, was der Kommissar in der Hand hielt. Es war eine glitzernde° Diamantenbrosche. . . . **(sich) weiten** to widen
glitzern to sparkle

I:
1. Wo hatte die Frau die Brosche getragen?
2. Welchen Raum betrat der Direktor?
3. Mit wem sprach der Zauberkünstler im Zuschauerraum?
4. Wo war Jansen noch vorigen Monat gewesen?
5. War die Frau mit der Brosche ins Theater gekommen?
6. Zwischen wem stand Frau von Pilz?

II:
1. Was untersuchte der Kommissar daheim?
2. Welche Worte hatten sich auf dem Löschpapier abgezeichnet?
3. Als was hatte Jansen das Plakat bezeichnet?
4. Wohin fuhr der Kommissar zurück?
5. Was hatte er dem Nachtwächter gezeigt?
6. Was hatte der Kommissar aus dem Stab herausgezogen?

11

4. Sein letzter Wille°

Wille will, testament

I

"Ich gratuliere Ihnen, Herr Volkert", sagte der Rechts-anwalt° und blickte von dem Dokument auf den jungen Mann, der schweigsam° auf die Ostsee° hinaus-starrte. "Für Sie, Fräulein Irene," fügte er dann hinzu, sich der schwarz gekleideten Tochter des Forschers° zuwendend,° "Für Sie wird da wohl° nicht viel übrig bleiben."

Irene Berndsen erhob° sich von ihrem Liegestuhl° und schritt von einem Ende der offenen Veranda zum andern.

Rechtsanwalt attorney
schweigsam silent
Ostsee Baltic Ocean

Forscher explorer
(sich) zuwenden to turn to
wohl probably
(sich) erheben to get up
Liegestuhl lawn chair

12

"Sie meinen also", erwiderte° sie schliesslich, "dass mein Vater alles hier seinem Assistenten vererbt° hat —dieses Haus, sein Laboratorium und seinen Jeep? Steht das in seinem Testament?"

Der Rechtwanwalt nickte. "Vielleicht glaubte er, dass Herr Volkert dieser Sachen mehr bedürfe° für seine berufliche° Zukunft . . ."

"Was für ein Unsinn!"° erwiderte Fräulein Berndsen. "Ich bedarf dieser Erbschaft° viel mehr, ich bin sein einziges Kind; sind Sie sich dieser Tatsache nicht bewusst?° Jedes Gericht° wird mir recht geben, trotz dieses Stücks Papier."

Volkert sagte immer noch nichts, sondern blickte weiter auf den blauen Himmel jenseits der grünen Meereswellen.°

"Hier steht es aber: WILHELM VOLKERT SOLL MEIN ALLEINERBE° SEIN, von Ihrem Vater unterschrieben!" Der Rechtsanwalt gab Irene den zerknitterten° Zettel° und stand auf.

II

"Einen Augenblick", sagte Irene. "Sind Sie sich der Echtheit° des Dokumentes sicher?"

"Ich muss protestieren", wandte sich Volkert an den Anwalt, der sich wieder hingesetzt hatte. "Das klingt, als ob jemand eines Betruges schuldig° sei. Ihr Vater hat das Testament selbst geschrieben, wie man aufgrund° seiner Handschrift erkennen kann. Es war am letzten Tage unserer Antarktis-Expedition. Sein Körper war schon fast erstarrt,° und er war kaum noch des Schreibens mächtig, als ich ihm die Hand führte . . ."

"Oder haben Sie es selber geschrieben, anstatt seine Hand zu führen?" fragte Irene. "Als mein Vater schon tot war, meine ich."

Der Rechtsanwalt hustete verlegen.°

"Wir haben Handschriftexperten am Kieler Gericht", sagte er. "Es wird nicht schwierig sein, von ihnen eine Analyse zu erhalten."

---

erwidern reply
vererben to bequeath

bedürfen to need
beruflich professional
Unsinn nonsense
Erbschaft inheritance
bewusst conscious (of)
Gericht court

Meereswelle ocean wave
Alleinerbe sole heir
zerknittern to crumple
Zettel piece of paper

Echtheit genuineness

schuldig guilty (of)

aufgrund on account of

erstarren to grow stiff

verlegen embarrassed

13

"Wo hat mein Vater dies geschrieben?" fragte Irene und sah den jungen Mann scharf an.

"In unserer Schneehütte",° erwiderte er. "Trotz seiner Pelzkleidung° war er fast erstarrt. Ich will mich dessen nicht rühmen,° aber ich gab ihm meinen letzten Schnaps."°

"Wie kalt war es innerhalb der Hütte?"

"Oh, zwischen minus 20 und 25 Grad Celsius° während des Tages; ausserhalb der Hütte war es natürlich noch kälter."

Irene sah ihn triumphierend an.

"In solcher Eiskälte ist alles gefroren, nicht wahr?"

"Natürlich", erwiderte der junge Mann.

"Wie ist es dann möglich, dass die Tinte, mit der dieses Testament geschrieben ist, nicht gefroren war? —Soll ich Sie wegen Betrugsversuchs° anzeigen, Volkert?"

"Sie werden es wohl nicht tun, nehme ich an",° sagte der Rechtsanwalt. "Statt dieses Herrn werden aber Sie die Alleinerbin Ihres Vaters sein . . . Sie sind ja seine einzige Tochter."

Schneehütte igloo
Pelzkleidung fur clothing
(sich) rühmen to boast (of)
Schnaps brandy
Celsius centigrade
Betrugsversuch attempt at cheating
annehmen to suppose

I:
1. Worauf starrte Volkert schweigsam hinaus?
2. Was wird für Irene wohl übrig bleiben?
3. Wessen bedurfte Volkert vielleicht mehr?
4. Wessen ist Irene sich bewusst?
5. Worauf blickte Volkert weiter?
6. Wo sah er den blauen Himmel?

II:
1. Wessen war Irene sich nicht sicher?
2. Wessen war ihr Vater kaum noch mächtig, sagte Volkert?
3. Wo, sagte Volkert, hatte ihr Vater das Testament geschrieben?
4. Wo war es noch kälter als in der Hütte?
5. Was wird Irene wohl nicht tun, glaubte der Rechtsanwalt?
6. Warum hat Irene allen Grund, glücklich zu sein?

5. Besuch in der Nacht

"Donnerwetter!" murmelte der Einbrecher".° "Das kann ich gut verkaufen!" Was er nämlich im Schein seiner Taschenlampe° vor sich liegen sah, übertraf° seine Erwartungen. Nicht nur viel Geld—zwei Bündel° von Hundertmarkscheinen waren in dem Geldschrank,° den er gerade aufgebrochen° hatte — sondern auch kostbare° Juwelen, mehrere Ringe und ein glitzerndes° Halsband.

Dann spürte° er, wie ihm ein Revolver in den Nacken° geschoben wurde.

"Kein Wort", sagte der Mann hinter ihm, "Sonst rufe ich sofort die Polizei."

Einbrecher burglar

Taschenlampe flash light
übertreffen to surpass
Bündel bundle
Geldschrank safe
aufbrechen to break open
kostbar valuable

spüren to feel
Nacken nape of the neck

15

"Bitte nicht", stammelte° Bernie, ohne sich nach dem Mann umzuwenden, dessen Atem er spürte. "Ihre Haustür kann man sehr leicht öffnen, und auch Ihr Geldschrank war nur durch das kleine Schloss gesichert . . ."°

"Leise, Sie Idiot! Oder wollen Sie, dass meine Frau aufwacht? Verschwinden Sie!"

Ungläubig° drehte Bernie sich herum. Dann lief er rasch aus dem Wohnzimmer hinaus, durch das er gekommen war.

Der Mann steckte alles, was in dem Geldschrank lag, in seine Aktentasche. "So bestraft° man Verbrecher",° murmelte er. "Nur das Halsband behalte ich; das wird nicht durch die Zentrale verkauft werden."

Da wurde die Haustür von jemand geöffnet. Ehe der Mann sich verstecken konnte, stand das heimgekehrte Ehepaar° vor ihm.

"Das ist das Unglaublichste, was mir je passiert ist", sagte der Hausherr und blickte auf seinen Geldschrank. Wo ist das Werkzeug,° womit Sie ihn aufgebrochen haben?"

"Ich hatte keins nötig",° sagte der Mann. "Das, was Sie hier sehen, ist von jemand anderem getan worden, der mehr von diesem Handwerk° versteht."

Zehn Minuten später wurde er von der Polizei abgeholt.

---

stammeln to stutter

sichern to secure

ungläubig incredulous

bestrafen to punish
Verbrecher criminal

Ehepaar married couple

Werkzeug tools

nötig haben to need

Handwerk trade

---

1. Was, dachte der Einbrecher, konnte er mit den Sachen im Geldschrank tun?
2. Was für Sachen waren es?
3. Was spürte der Einbrecher auf einmal?
4. Was sagte der Mann, der hinter ihm stand?
5. Wodurch war der Geldschrank nur gesichert?
6. Aus welchem Zimmer lief Bernie rasch hinaus?
7. Was, murmelte der Mann, tut man mit Verbrechern?
8. Wohin steckte er alles, was in dem Geldschrank lag?

16

9. Weshalb wollte er das Halsband behalten?
10. Wer stand plötzlich vor ihm?
11. Was fragte ihn der Hausherr?
12. Weshalb hatte der Mann kein Werkzeug nötig?

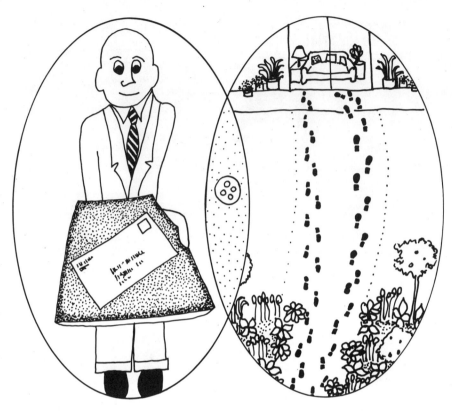

6. Die Entführung°

I

"Hugo!" rief die junge Frau van Pelten erregt.° "Ich glaube, hier ist er, der Brief."

Zitternd° hielt sie, am Frühstückstisch sitzend, den schmalen Umschlag° vor sich, den Felix, ihr alter Hausdiener, ihr gerade zusammen mit der anderen Morgenpost° überreicht hatte. Keine Briefmarke° und kein Poststempel° waren darauf—nur der Name ihres Mannes, in grossen aufgeklebten° Buchstaben, die aus einer Zeitung ausgeschnitten waren.

Ihr Mann stürzte ins Zimmer. Er hatte noch seinen Morgenrock° an. Hastig° riss er den Briefnumschlag auf und starrte auf den kleinen Bogen,° der darin gelegen hatte.

"Du hast recht, Erika", sagte er dann leise, in den Stuhl neben ihr sinkend. "Es ist wegen Dieter. Ich kann's noch nicht glauben . . . Sein Entführer° will Geld von uns haben, viel Geld."

Seine Frau griff nach dem Zettel. In grossen Buchstaben, wie auf dem Umschlag, war die folgende Nachricht darauf geklebt:

50.000 MARK HEUTE 21 UHR HINTER ROSENBUSCH AM LEUCHTTURM° BEIM ALPSEE LEGEN. VATER MUSS ALLEIN KOMMEN, OHNE POLIZEI. NUR DANN KOMMT IHR SOHN ZURÜCK.

Unangemeldet° trat in diesem Augenblick ein kleiner Mann ins Zimmer, dessen Luchsaugen° sich sofort auf den Bogen hefteten.° Er stellte sich als Erich Gruber vor, der Privatdetektiv, den van Pelten sofort angerufen hatte, als Felix das Bett ihres Sohnes leer vorgefunden hatte.

"Was Sie befürchtet° hatten, nicht wahr?" Er setzte sich neben die Dame des Hauses. "Es ist schon warm in den Bergen draussen. Ihr Kaffee riecht sehr er- anregend."°

II

"Eine gute Stelle° hat er gewählt, der Entführer!" Der Detektiv biss in das Brötchen hinein, das er dick mit Marmelade bestrichen° hatte. "Unten am Alpsee ist es einsam, und der Leuchtturm wird nicht mehr be- nutzt."

Van Pelten starrte ihn an.

"Sollen wir es tun?" fragte er. "Ich meine, das viele Geld, bis heute abend . . ."

---

stürzen to rush
Morgenrock housecoat
hastig hasty
Bogen sheet of paper

Entführer abductor

Nachricht message

Leuchtturm lighthouse

unangemeldet unannounced
Luchsaugen lynx-eyes
(sich) heften (auf) to stick (to)

befürchten to be afraid (of)

anregend animating

Stelle spot

bestreichen to spread (over)

19

"Hugo!" Seine Frau stand auf. "Natürlich, ich fahre sofort zur Bank."

Gruber sah von ihr auf ihren Mann.

"Sie wollen den Entführer entlarven,° nicht wahr? Dann tun Sie, was er Ihnen geschrieben hat. Nur dann besteht° die Chance, dass Sie Ihren Sohn und später auch Ihr Geld wiedersehen."

Er warf einen Blick durch die Glastür, die in den Garten der Bergvilla führte. Dahinter glänzten noch ein paar der Gebirgszüge° der Alpen in der Morgensonne.

"Ich habe mir die Fussspuren,° die Ihr Diener bemerkt hat, schon angesehen. Sie führen vom Garten bis an diese Tür und wieder zurück in den Garten. Aber es ist nur ein Paar! Das heisst—" Gruber goss sich eine neue Tasse Kaffee ein.° "Der Entführer muss Ihren Sohn getragen haben."

Die Hausherrin erhob sich. "Ich muss zur Bank; ich kann nicht mehr warten."

Ihr Mann sah verlegen zur Seite, und Gruber verstand. Es war für ihn nicht schwer gewesen, vor seiner Ankunft etwas über van Peltens Finanzlage° zu erfahren. Seine Firma hatta kürzlich Bankrott° gemacht, und er lebte nur noch von dem grossen Vermögen° seiner Frau. Ausserdem hatte er Spielschulden,° sagte man.

III

Kurz vor 21 Uhr hielt ein blauer Mercedes vor dem einsamen Leuchtturm am Alpsee an. Van Pelten stieg aus und legte ein Paket hinter den Rosenbusch, der neben dem Eingang stand.

Zwei Minuten später kam ein anderer Wagen, ein alter Ford-Taunus, dicht° an ihn herangefahren und hielt ebenfalls.

Durch sein Fernglas° vom Obergeschoss° des Turmes herabblickend, sah Erich Gruber, wie ein grosser Mann aus dem Ford sprang. Sein Gesicht war von einer Maske bedeckt. Er lief zu dem Busch, riss das Paket auf und prüfte seinen Inhalt.°

entlarven to unmask

bestehen to exist

Gebirgszüge range of mountains
Fussspur footprint

(sich) eingiessen pour (oneself)

Finanzlage financial situation
Bankrott machen to go bankrupt
Vermögen fortune

Spielschulden gambling debts

dicht (an) close (to)
Fernglas binoculars
Obergeschoss upper floor

Inhalt content

20

Dann nickte er, lief zu seinem Auto zurück, öffnete rasch die Hintertür,° stiess einen kleinen Jungen heraus, warf das Paket auf den Sitz neben sich und brauste wieder davon—denselben Bergweg zurück, auf dem er gekommen war.

Hintertür rear door

Van Pelten sprang aus seinem Wagen, riss die schwarze Binde° vom Gesicht seines Sohnes und schloss ihn in seine Arme.

Binde bandage

Der Detektiv wartete, bis auch das Auto wieder verschwunden war. Dann kam er aus seinem Versteck und bestieg sein altes Fahrrad, das hinter dem Leuchtturm stand. Eine halbe Stunde später erschien° er in van Peltens Villa.

erscheinen to appear

"Da ist er!" begrüsste ihn der Hausherr strahlend,° und wies auf seinen Sohn, der mit seiner Mutter am Tisch sass. "Es hat alles geklappt."

strahlen to beam

"Alles?" fragte Gruber. "Bitte rufen Sie einmal Ihren Diener."

Van Pelten zuckte die Achseln.°

Achseln zucken to shrug one's shoulders

"Kennen Sie diesen Knopf?" fragte der kleine Detektiv dann Felix, als er vor ihm stand. "Ist es der, den Sie im Garten verloren haben, als Sie den Jungen aus dem Haus trugen?"

"Ich hab' es zuerst nicht tun wollen", stammelte der alte Diener. "Aber wissen Sie auch, dass ich die Hälfte von dem Geld bekommen sollte? Mein Herr hatte es mir versprochen. Nur deshalb hab' ich getan, was er wollte, und bin auch maskiert° zu dem Leuchtturm gefahren.—Weshalb haben Sie alles erzählt, Herr van Pelten?"

maskieren to mask

I:
1. Was hatte Felix der Hausherrin überreicht?
2. Woher stammten die ausgeschnittenen Buchstaben auf dem Umschlag?
3. Worauf starrte ihr Mann?
4. Wohin sollte van Pelten das Geld bringen?
5. Als wen stellte sich der kleine Mann vor?
6. Wann hatte van Pelten ihn angerufen?

21

II:

1. Weshalb war die Stelle gut gewählt?
2. Was will Frau van Pelten sofort tun?
3. Wohin führte die Glastür?
4. Was, glaubt Gruber, muss der Entführer getan haben?
5. Was war für Gruber nicht schwer gewesen?
6. Wovon lebte van Pelten seit dem Bankrott seiner Firma?

III:

1. Wo hielt der blaue Mercedes an?
2. Was sah Gruber durch sein Fernglas?
3. Was sah er van Pelten tun?
4. Wie lange wartete der Detektiv?
5. Was hatte Gruber im Garten gefunden?
6. Was hatte der Hausherr Felix versprochen?

Heute werde ich Sie töten. Neun Jahre Zuchthaus waren genug. Der Rächer

7. Renates Triumpf

I

"Das hat jemand unter der Haustür durchgeschoben",° erklärte der alte Richter seiner hübschen Besucherin. Er reichte ihr den Zettel und lehnte sich in seinen Sessel zurück.°

Renate, seine frühere Assistentin, die seine Nachfolgerin am Gericht geworden war, stutzte.°

"Heute werde ich Sie töten", stand auf dem Zettel. "Neun Jahre Zuchthaus° waren genug. Der Rächer."°

Sie schob ihre Brille zurück.

"Das kommt von jemandem, den Sie vor neun Jahren verurteilt° haben", sagte sie. "Vielleicht lässt

durchschieben to push

(sich) zurücklehnen to lean back

stutzen to be startled

Zuchthaus penitentiary
Rächer avenger

verurteilen to convict

23

sich sein Name in den Gerichtsakten° aus dem Jahre 1973 finden."

Feldmann nickte. Renate ging, und er hörte sie zwei Minuten später auf ihrem Motorrad davonbrausen. Als sie zurückkehrte war, legte sie ein Aktenbündel vor ihn nieder.

"Ins Zuchthaus haben Sie fünf Leute in diesem Jahre geschickt", begann sie wieder. "Hier ist die Liste. Zwei davon erhielten lebenslängliche° Strafen, zwei zehn Jahre und einer neun."

Feldmann sah auf den Rhein hinaus. Ein Dampfer° voll singender Passagiere fuhr gerade vorbei. Man verstand ein paar Verse der "Lorelei"° . . .

"Ist jemand von ihnen begnadigt° worden?" Renate ging ans Telefon, während er das Fenster zumachte. Er wollte Renate zuhören.

"Schwarz und Pfennig sitzen noch?" hörte er sie dann fragen. "Was ist aus dem Mörder, Edmayer, geworden? Aha. Und Kreuzer, der Bankräuber, der zehn Jahre bekam? Wegen guter Führung° entlassen?° Dann bleibt noch Wernicke übrig; er erhielt neun Jahre. Bitte? Er ist auch wieder frei? Besten Dank."

Der Gesang der Rheinpassagiere war verklungen.° "Und ich dachte, dass ich den Rest meines Lebens hier Ruhe haben werde!" sagte der alte Richter. "Trinken Sie ein Glas Wein mit mir?"

II

"Hören Sie zu, Herr Feldmann", fing Renate wieder an, als sie mit ihm angestossen° hatte. "Ihr 'Rächer' muss einer der beiden letzten von der Liste sein— Kreuzer oder Wernicke. Es sind die einzigen, die wieder frei sind."

"Kreuzer? Das war der mit dem Kindergesicht, nicht wahr? Und Wernicke, können Sie sich noch erinnern, wie er aussah?"

"Ja, warten Sie. Ich sehe ihn noch, wie er die Hand gegen Sie erhob° im Gericht, als Sie sein Urteil

Gerichtsakten court files

lebenslänglich for life

Dampfer steamboat

Lorelei (popular song by H. Heine)
begnadigen to pardon

Führung (here:) conduct, behavior
entlassen (here:) to set free

verklingen to fade away

anstossen to clink glasses

erheben to raise

24

ausgesprochen hatten! Er hatte abstehende° Ohren."   **abstehen** to stick out
Sie stand auf und setzte ihr Weinglas nieder.

"Wir müssen den 'Rächer' finden, ehe etwas passiert. Und Sie, Herr Feldmann, nehme ich sofort mit mir nach St. Goar.° Er darf Sie hier nicht finden."   **St. Goar** (name of small town on the Rhine)
Ihr Motorrad stand vor seinem Häuschen an der Uferstrasse. Er musste trotz aller Proteste auf ihrem Beifahrersitz° Platz nehmen.   **Beifahrersitz** rear seat

"Sehen Sie da, ein Unfall!"° rief sie ohne loszufahren. Er blickte sich um und sah ebenfalls den Mann, der an der Strassenecke lag.   **Unfall** accident   **Strassenecke** corner of the street

"Da kommt ein Polizist, ich rufe ihn," sagte Feldmann und stieg wieder ab.

"Ich brauche Ihren Namen als Zeugen,"° erklärte ihm der Polizeibeamte, auf den leblosen° Mann zeigend. "Lassen Sie ihn liegen, bis der Krankenwagen da ist. Können wir in Ihr Haus gehen, für den Bericht?" Feldmann nickte und folgte ihm nach.   **Zeuge** witness   **leblos** lifeless

Renate sah von dem leblosen Mann zu den beiden herüber, die jetzt im Hauseingang standen. Plötzlich rannte sie auf sie zu und schlug den Polizisten nieder —mit einem Karateschlag.°   **Karateschlag** Karate blow

"Er wollte Sie erschiessen!" schrie sie Feldmann zu. Dabei wies sie auf den hilflosen Polizeibeamten, der verblüfft zu ihr aufblickte.

"Sie sind Wernicke, nicht wahr? Ihre Verkleidung° half Ihnen nicht viel. Ihre abstehenden Ohren sind noch dieselben geblieben . . ."   **Verkleidung** disguise

Rasch sah sie sich um. Wernickes Komplize° an der Strassenecke war lebendig geworden und fortgelaufen.   **Komplize** accomplice

I:
1. Wohin lehnte sich der Richter zurück?
2. Was war Renate geworden?
3. Wo, denkt sie, lässt sich der Name finden?
4. Wohin legt sie das Aktenbündel?
5. Was fuhr auf dem Rhein vorbei?
6. Was dachte der Richter?

25

II:

1. Wer sind die einzigen von den Verurteilten, die wieder frei sind?
2. Was hatte Wernicke im Gericht getan?
3. Wo musste Feldmann Platz nehmen?
4. Was für einen Mann sah er?
5. Womit schlug Renate den Polizisten nieder?
6. Was half Wernicke nicht viel?

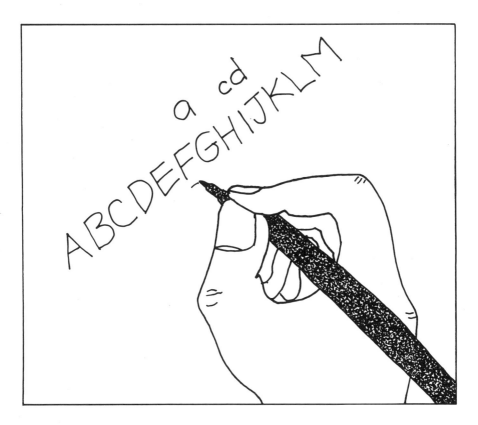

8. Onkel Jans Rätsel

I

"Viel Glück, meine Herren!" Der Rechtsanwalt stand auf. "Morgen früh um zehn Uhr sehen wir uns wieder, so wie es Ihr Onkel bestimmt° hat. Einer von Ihnen beiden wird dann hoffentlich schon Erbe seines Vermögens geworden sein."

bestimmen to decide

Die zwei Vettern schwiegen. Endlich sagte Udo, der ältere von ihnen: "Onkel Jan ist auch im Tode derselbe seltsame Kauz° geblieben, der er im Leben war . . ."

Kauz eccentric

Ferdie, der jüngere, nickte. Dann verliessen sie beide das Anwaltsbüro und gingen zusammen den Berg hinauf zur Universität.

27

Erst später am Abend zog Ferdie in seiner Studentenbude° wieder die Kopie des Testamentes hervor, die er, genau wie sein Vetter, von dem Anwalt erhalten hatte.

Studentenbude student's (rented) room

"Da ich mein Leben lang ein kinderloser Junggeselle° geblieben bin", las er von neuem, soll einer meiner Neffen, Udo oder Ferdie, beide Studenten in Marburg, mein ganzes Vermögen ˉerben. Ich habe meine Schuhfabrik° mit Ausdauer° und Fleiss selbst aufgebaut. Deshalb möchte ich sicher sein, dass auch mein Nachfolger° dieselben Qualitäten besitzt, und gebe jedem der beiden dasselbe verschlüsselte° Rätsel auf. Hier ist es:

Junggeselle bachelor

Schuhfabrik shoe factory
Ausdauer perseverance
Nachfolger successor
verschlusselt encoded

LRKOYYATJGAYJGAKXYOKMKT

Je eine Kopie dieses Testaments soll meinen Neffen am Morgen nach meinem Begräbnis° um 10 Uhr ausgehändigt° werden. Am folgenden Tage, wieder um·zehn Uhr, sollen beide im Büro meines Anwaltes wieder erscheinen und derjenige von ihnen, der die Lösung° des Rätsels gefunden hat, zu meinem Alleinerben erklärt werden. Nur wenn keiner der beiden die Lösung gefunden hat, soll mein Nachlass° in den Besitz des Landes Hessen übergehen."°

Begräbnis funeral

ausgehändigt handed

Lösung solution

Nachlass estate
übergehen (here:) to be transferred

II

Udo war verwirrt,° als er die lange Reihe von Buchstaben noch einmal ansah. Solche merkwürdige Einfälle hatte Onkel Jan immer gehabt. Welches geheime System hatte er diesmal angewandt?

verwirrt confused

Er schrieb zuerst die ganze Buchstabenreihe° von rückwärts,° TKMK und so weiter. Dann versuchte er, jeden der Buchstaben mit dem nächsten im Alphabet zu ersetzen,° A mit B, B mit C, und so weiter. Alles half nichts. Schliesslich probierte er die umgekehrte° Methode, indem er B durch A ersetzte, C durch B, und so fort. Verärgert° ging er zu Bett.

Buchstabenreihe row of letters
rückwarts backwards

ersetzen to replace
umgekehrt reversed

verärgert angered

Ferdie grübelte° noch lange nach Mitternacht über demselben mysteriösen Rätsel. "Ausdauer!" hatte ihr Onkel betont. Manche lange Nacht hatte Ferdie seine

grübeln to ponder

28

Ausdauer schon bewiesen,° wenn er nach der Arbeit noch studierte. Aber solch ein verrücktes Rätsel wie dieses war auch ihm noch nicht vorgekommen.

beweisen to prove

"Ausdauer!" Das Lieblingswort° seines Onkels hatte zwei "AU"s, mit zwei anderen Buchstaben dazwischen. In der Zeile° vor ihm, ziemlich in der Mitte, waren auch zweimal dieselben Buchstaben, mit zwei anderen dazwischen: G und A. Er schrieb A und U darüber, und ein S und D über Y und J. Wenn das ganze Wort wirklich "Ausdauer" war, mussten auch K für E und X für R stehen.

Lieblingswort favorite expression

Zeile line

"Ich habe meine ersten sechs Buchstaben gefunden: A, U, S, D, E und R", murmelte Ferdie. Er schrieb rasch das ganze Alphabet von A bis Z in einer Reihe auf. Über die sechs Buchstaben, die er entziffert° hatte, setzte er ihre richtige Bedeutung.°

entziffern to decode
Bedeutung meaning

"Wie einfach!" sagte er plötzlich. G war A, und von dann ab ging es weiter: H war B, I war C, und so fort! Das sah man, wenn man die anderen Buchstaben zwischen den ersten sechs einsetzte° . . . Die Lösung war: Fleiss und Ausdauer siegen.

einsetzen to fill out

"Armer Udo", flüsterte er. "Aber tröste° dich. Ich werde dich zum Vizepräsidenten meiner Firma machen."

(sich) trösten to take comfort

I:
1. Was sollte einer der zwei Vettern erben?
2. Was, sagte Udo, ist der Onkel auch im Tode geblieben?
3. Was für ein Rätsel hat er seinen Neffen aufgegeben?
4. Was für Qualitäten sollte sein Nachfolger besitzen?
5. Wo sollten die beiden am nächsten Morgen wieder erscheinen?
6. Wer von ihnen sollte sein Alleinerbe werden?

II:
1. Was tat Udo zuerst mit der Buchstabenreihe?
2. Was versuchte er dann mit jedem Buchstaben?
3. Worüber grübelte Freddie noch lange nach Mitternacht?
4. Was war auch ihm noch nicht vorgekommen?
5. Was schrieb er rasch in einer Reihe auf?
6. Wozu wollte Ferdie seinen Vetter machen?

9. Kommissar Franzek

"Ja, es geschehen oft unglaubliche° Sachen hier in Braunschweig!" Kommissar Franzek nickte dem Reporter zu. "Was mir bei diesem Einbruch passiert ist, hat es aber in meiner ganzen Praxis noch nicht gegeben." Er hielt inne.°

"Eigentlich° hatte ich keine logischen Gründe, der alten Dame, die mich in der Nacht angerufen hatte, böse° zu sein. Aber es donnerte und regnete, als ich zu ihr fuhr, und es gefiel mir nicht, dass ausser mir kein anderer Beamter° noch so spät Dienst° hatte."

"Da oben, sehen Sie?" flüsterte sie, als ich bei ihr ankam. Durch ihr offenes Küchenfenster wies° sie

unglaublich unbelievable

innehalten to pause
eigentlich actually

böse sein to be angry with
ausser except
Beamte official
Dienst haben to be on duty
weisen (auf) to point (at)

30

auf das dunkle Dach ihres Nachbarhauses. "Er hat einen Sack voll gestohlener Sachen bei sich! Er wusste, dass meine Nachbarn verreist sind . . ."

Tatsächlich° konnte ich so etwas wie eine liegende Gestalt° auf dem Dach erkennen. Aber es gelang mir nicht, einen Sack zu erkennen.

"Was mich wundert", sagte ich zu der Frau, "ist, dass er aufs Dach geklettert° ist, besonders bei diesem Wetter." Er wollte sich dort verstecken, erklärte sie mir, weil er ihren Sohn Georg erkannt hatte, als er gerade von seiner Nachtschicht° nach Hause kam.

"Wo ist ihr Sohn jetzt?" fragte ich, aber da blitzte es, und die Gestalt schien vom Dach zu springen. "Tun Sie etwas!" schrie die Frau, und ich rannte hinaus. Vor mir im nassen Gras lag ein vollgepackter Sack."

"Nicht der Einbrecher?" fragte der Reporter.

"Es tut mir leid, Sie zu enttäuschen.° Nicht ich, sondern Georg, der Sohn der alten Dame, hat ihn festgenommen,° als er aus dem Hinterausgang entkommen° wollte. Ohne Georg hätte der Fall kein glückliches Ende gehabt."

tatsächlich	really
Gestalt	figure
klettern	to climb
Nachtschicht	night shift
enttäuschen	to disappoint
festnehmen	to arrest
entkommen	to escape

1. Was geschieht, sagte der Kommissar, oft in Braunschweig?
2. Wozu hatte er keine logischen Gründe?
3. Worauf wies die Frau durch das offene Küchenfenster?
4. Woher kam ihr Sohn Georg gerade?
5. Was schien die Gestalt zu tun, als es blitzte?
6. Was lag vor dem Kommissar im Gras?

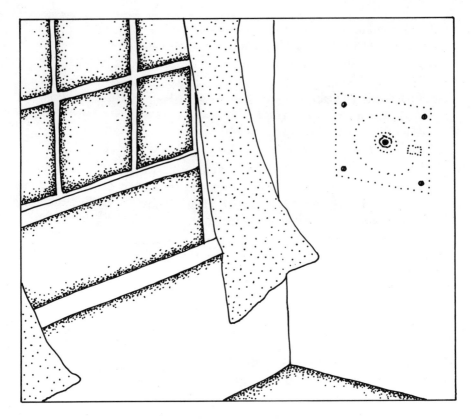

10. Igors bessere Idee, I & II

I

"Unbegreiflich",° sagte Direktor Alders. "Der verschwundene Tresor° ist doch bestimmt einen halben Zentner° schwer, und mein Büro war ja wie immer abgeschlossen."

Kommissar Hund von der Westberliner Kripo° trat näher an die Wandnische° heran. "Einfach herausgehoben! Dadurch hat der Einbrecher sich die Arbeit erspart, die Kombination herauszufinden. Hat der Nachtwächter denn nichts gehört?"

"Herr Kruse ist da", sagte Alders und wies auf den erschrockenen° Alten, der gerade mit seiner Mütze in der Hand in der Bürotür erschienen war.

unbegreiflich incomprehensible
Tresor safe
Zentner hundredweight

Kripo (Kriminalpolizei) criminal police
Wandnische wall niche

erschrocken frightened

32

"Nichts, garnichts hab' ich gehört", stammelte° er, und rieb sich das Kinn. "Und die Tür war verschlossen. Auf jeder meiner Runden° prüf' ich sie immer, die Türen . . . Werde ich jetzt entlassen?" Er blickte ängstlich auf Alders.

"Ach was. Gehen Sie nach Hause und schlafen Sie sich aus. Das heisst", fuhr der Direktor fort, "wenn der Herr Kommissar keine Fragen mehr hat."

"Schon gut", sagte Hund. "Lassen Sie aber alles unberührt hier, bis unsere Spezialisten sich nach Fingerabdrücken° umgesehen haben."

Dann wandte er sich dem hohen Fenster zu, durch das man auf den Hinterhof sehen konnte. Er trat näher heran und schob es mit einem Griff hoch.

"Der Riegel° war nicht zugeschoben! Das erklärt wohl, wie der Einbrecher hereingekommen ist, weil Ihr Büro ja hier im Erdgeschoss° liegt."

Alders war bleich° geworden. Mit zitternder Stimme erwiderte er: "Niemand hat Erlaubnis, dieses Fenster zu öffnen."

"Aber jemand hat es doch getan! Wer hat gestern als letzter Ihr Büro verlassen?"

"Fräulein Gross, meine Sekretärin. Aber nein, sie öffnet das Fenster nie.—Wo ist sie übrigens?"°

II

Alders sah verdutzt° auf seine Armbanduhr. "Es ist viertel nach neun; sonst° ist sie längst hier!"

Hund steckte sich eine Zigarre an. "Was für Papiere enthielt der Tresor?" fragte er dann.

"Geheime Patent-Dokumente. Vor allem eine Liste von chemischen Formeln, die unserer ganzen Nahrungswissenschaft° neue Wege öffnen werden." Alders wischte sich die Stirn. "Das Patent gehört meiner Firma. Nicht nur die USA sind interessiert, auch ein Vertreter der Ostblockstaaten° hat sich bereits danach erkundigt° . . ."

"Aha!" sagte der Kommissar. "Haben Sie die private Telefonnummer Ihrer Sekretärin?"

---

stammeln to stutter

Runde round

Fingerabdruck finger print

Riegel bolt

Erdgeschoss ground floor

bleich pale

übrigens by the way

verdutzt surprised

sonst usually, at other times

Nahrungswissenschaft science of nutrition

Ostblockstaat country in the Eastern block

(sich) erkundigen to inquire

33

Alders nickte und wies auf ein Notizbuch, das
neben seinem Telefon lag. Hund sah dem Qualm° **Qualm** smoke
aus seiner Zigarre nach, als er die Stimme am anderen
Ende der Leitung hörte. "Früher als sonst fortgegan-
gen?" wiederholte er. "Danke schön, Frau Becker."

Er legte den Hörer wieder auf. "Das war die Ver-
mieterin° Ihrer Sekretärin," sagte er zu Alders. 'Ich **Vermieterin**
denk', ich werde sie einmal besuchen." landlady

In seinem altersschwachen° Opel fuhr er darauf **altersschwach** de-
schnell nach Wittenau hinaus, wo er nach kurzem crepit
Suchen das Haus von Frau Becker fand. Sie war eine
ältere Dame, die ihn zuerst nicht verstand, als er sich
an der Tür mit "Hund" vorstellte.

"Nein, ich erlaube keine Hunde in meinem Haus",
erwiderte sie. Er klärte diesen Punkt aber rasch auf,
indem er ihr verriet, dass er weder ein Zimmer suche,
noch einen Hund besitze.

"Ich bin von der Polizei", sagte er. "Darf ich
hereinkommen? Ich sprach vorhin mit Ihnen am Telefon. Es ist nämlich wegen Fräulein Gross."

Die alte Dame wurde rot° und führte ihn in ihr **rot werden** to
Wohnzimmer. Fräulein Gross sei eine ihrer ange- blush
nehmsten Mieterinnen, sagte sie dabei. Sie zahle immer
ihre Miete im voraus und habe nie Herrenbesuch° **Herrenbesuch**
gehabt. "Ausser heute früh", fügte sie hinzu. gentleman
caller(s)

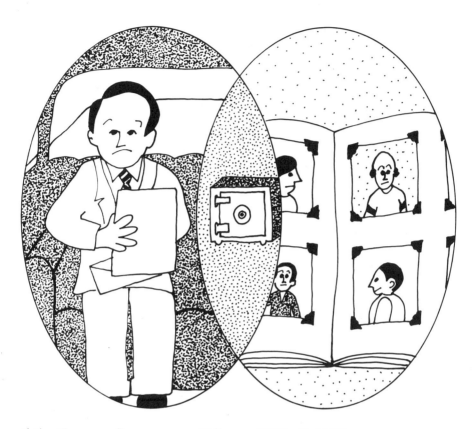

11. Igors bessere Idee, III & IV

III

"Wer war bei ihr?" fragte der Kommissar.

Es sei ein grosser starker Mann mit einer Brille gewesen, erklärte sie. Aber Fräulein Gross habe das Haus schon früher als gewöhnlich verlassen. "Da gab er mir diesen Brief für sie."

Frau Becker zeigte auf einen kleinen Umschlag, der auf ihrem Radio lag. Hund bat sie, ihm den Brief für kurze Zeit zu überlassen,° was sie nach einigem Zögern° tat. Es handele sich um einen Fall von grösster Wichtigkeit, sagte er. Ob ihr an dem Mann sonst noch etwas aufgefallen sei, fragte er dann.

überlassen to let have
Zögern hesitation

"Mir schien, der hatte einen Akzent", erwiderte Frau Becker. "So wie ihn unsere Flüchtlinge° aus dem Osten haben."

Kaum konnte der Kommissar erwarten, den Inhalt des Briefes zu erfahren.° Er öffnete ihn sofort, als er seinen Opel von ihrem Haus fort um die nächste Ecke gefahren hatte.

Verärgert biss er das Ende seiner frischen Zigarre ab, als er die mit Rotstift° geschriebene Zeile las:

TPECOPYHTEPTOMATEHAMCEE

Das war alles, was auf dem Stück Papier stand. Er gab Gas und sauste° zu seinem Büro zurück.

In was für einem Code war die Nachricht geschrieben? Der Mann, der sie gebracht hatte, konnte ein Agent von drüben sein, nach seinem Akzent zu schliessen.° Woher kannte er Fräulein Gross?

Seine ganze Mittagspause verbrachte° Hund im Computercenter, wo er über Erna Gross erfuhr, dass sie eine geborene Russlanddeutsche° und erst vor einem Jahr nach Westberlin umgesiedelt° worden sei.

"Willi", wandte er sich an den jungen Mann, der ihm die Auskunft verschafft° hatte, "Jetzt brauche ich unser Fotoalbum—das von den Ostagenten,° meine ich."

Frau Becker war nicht wenig erstaunt, ihn eine Stunde danach wieder bei sich zu sehen. "Bitte schauen Sie sich diese Bilder an!" bat er sie und legte das Album vor sie hin. Ob einer dieser Männer wohl ihrem Besucher von heute morgen gliche?°

Sie blätterte die Seiten um, eine nach der andern. Beim vorletzten Foto rief sie aus: "Ja, der war es!"

IV

Wer Nummer 17 aus dem Album sei, wollte Hund von Willi wissen. "Igor Müller", las ihm der junge Assistent zwei Minuten später von einem Karteiblatt° vor. "Ostflüchtling, 45 Jahre, in der Wolgarepublik° geboren, am 17. März im Tiergarten° verhaftet—

Flüchtling refugee

erfahren to learn, to discover

Rotstift red pencil

sausen rush

schliessen (here) to conclude
verbringen to spend
Russlanddeutsche ethnic German born in Russia
umsiedeln to re-settle
verschaffen to supply
Ostagent agent working for Eastern power

gleichen to re-semble

Karteiblatt index card
Wolgarepublik Volga republic of the UDSSR
Tiergarten zoo

36

wegen Handels mit falschen Ausweisen,° heisst es. Seit 3. August wieder frei. Zuletzt in Heiligensee gesehen, in kleinem Sommerhaus nahe der Grenze."

"Igor Müller!" kicherte der Kommissar. "Den muss ich kennenlernen. Was für ein Name, halb deutsch und halb russisch! Vielleicht hat er Erna Gross im Flüchtlingslager° getroffen. Hat noch keiner die Nachricht entziffert?"

"Grabowski ist noch dabei. Ihm scheint, die sei auch halb deutsch und halb russisch, genau wie Igor!"

"Möglich", sagte Hund. "Wenn sie ganz auf deutsch wäre, hätten wir schon herausbekommen,° was—"

Da klopfte es an seiner Bürotür, und Grabowski trat ein. "Hier ist die Nachricht; es waren nur ein paar russische Buchstaben dazwischen. Sehen Sie hier!"

Er legte den Zettel mit der roten Buchstabenreihe auf Hunds Schreibtisch.

"Die Nachricht enthält nur neun verschiedene Buchstaben, wovon fünf auch im russischen Alphabet dieselben sind, nämlich A, E, M, O und T. Die anderen vier werden anders geschrieben: N wie H, R wie P, S wie C und U wie Y. Hätten wir daran gleich gedacht, wäre uns die Nachricht sofort klar geworden."

Der Kommissar sah noch einmal auf die rote Reihe:

ТРЕСОРУНТЕРТОМАТЕНАМСЕЕ

und ersetzte jedes H, P, C und Y darin mit seinem Gegenstück° im deutschen Alphabet, worauf sich die Nachricht an Fräulein Gross ergab:°

TRESORUNTERTOMATENAMSEE.

Ausweis identity card

Flüchtlingslager refugee camp

herausbekommen to find out

gleich immediately

Gegenstück counterpart
(sich) ergeben to result

37

12. Igors bessere Idee, V & VI

V

Als Grabowski das Büro verlassen hatte, kam Willi hereingestürzt. "Stimmt es?" rief er. "Der Tresor ist gefunden?"

"Nicht ganz", sagte Hund, und steckte seinen Revolver ein. "Aber helfen Sie mir ihn suchen! Es sieht so aus, als ob wir näher vorm Ziel stünden."

Fünf Minuten danach sausten sie beide in seinem Opel auf den Westberliner Stadtrand° zu, nach Heili- **Stadtrand** edge of
gensee, wo Igor Müller zuletzt gesehen worden war. city

"Es liegt an der Havel, nicht wahr?" fragte Willi.

"Ja, der Fluss bildet dort die Grenze. Wenn er nicht

vermint° wäre, könnte man leicht in die DDR 'rüber-schwimmen", erwiderte Hund.

"Weshalb hat Igor die Nachricht für Alders' Sekre-tärin in ihrer Wohnung abgegeben?" wunderte er sich laut, als sie durch den Tegeler Schlosspark° fuhren. "Natürlich war sie es, die für ihn das Fenster geöffnet hat, damit er den Einbruch ausführen° konnte."

Willi nickte. "Und dann hat er sicher den Tresor nicht weit von seinem Haus am See vergraben, wie man aus der Nachricht erfährt. Aber warum den ganzen Tresor? Wenn Fräulein Gross ihm die Kom-bination dazu verraten hätte, hätte er nur die Papiere herauszunehmen brauchen."

"Sie kannte die Kombination selbst nicht! Das hat Alders gesagt. Die Papiere darin seien so geheim, dass nur er allein den Tresor öffnen könne."

Aus dem Strandbad° vor ihnen am Heiligensee kamen ein paar Kinder auf sie zu gelaufen. Hund rief ihnen zu: "Geht weg!", fuhr ein kurzes Stück weiter und hielt. Links von ihnen lag jetzt der Grenzfluss.

"Wenn ich nicht wüsste, dass man uns von drüben beobachtet, würde ich jemand fragen, wo Igors Som-merhaus ist", sagte der Kommissar zu Willi, an der Strassenseite parkend. "Aber warten Sie hier auf mich! Ich kann ja meine Augen benutzen."

Kurz darauf war er schon wieder zurück. "Da drü-ben ist es", sagte er bloss, auf ein kleines Holzhaus am Strande weisend. "Igor hat sogar ein Namensschild am Briefkasten . . . Und ein Tomatenbeet direkt am See."

VI

"Wir sind am Ziel!" fügte er hinzu. Da geschah das Unerwartete.°

"Retten Sie mich!" schrie die junge Frau, die auf ihren Wagen zurannte. Im selben Augenblick heulte° ein Schuss vom anderen Ufer der Havel herüber.

---

verminen to mine

Schlosspark park named after a castle

ausführen to execute

Strandbad swimming beach

unerwartet unexpected

heulen to wheeze

39

"Komm!" rief Hund, und riss die Hintertür auf. Er duckte° sich, als ein zweiter Schuss seine Windschutzscheibe° traf.

"Fräulein Gross, nicht wahr?" murmelte er, ohne sich nach ihrem neuen Fahrgast° umzusehen.

"Ja", murmelte sie mit zitternder Stimme. Eine neue Salve° von Schüssen folgte. Hund trat auf den Gashebel. Erst als er seinen keuchenden° Opel hinter der nächsten Biegung° zum Halten gebracht hatte, bemerkte er, dass Willi nicht mehr da war.

"Wo ist mein Assistent geblieben?" fragte er, indem er sich nach Erna Gross umwendete.

"Da!" erwiderte sie, durchs Rückfenster zeigend. Aber es war nicht allein Willi, der ihnen nachgerannt kam. Vor sich her trieb° er einen grossen Mann mit erhobenen Armen.

"Igor Müller, nicht wahr?" fragte Hund lächelnd, als Willi ihn auf den Vordersitz° neben ihn geschoben hatte. Willi selbst war hinten neben ihrem anderen Fahrgast eingestiegen.

Der schwitzende Riese° nickte.

"Ist der Tresor noch hinter Ihrem Haus vergraben?" fragte Hund weiter und hielt den Revolver auf ihn gerichtet.

"Ja, aber meine Kollegen von drüben, die ihn haben wollen, haben keine Ahnung° davon! Wenn ich vorher gewusst hätte, was ich jetzt weiss, hätte ich alles anders gemacht . . . Ich bekam nämlich eine bessere Idee."

"Darüber können wir woanders° reden", sagte Hund. "Also fahren wir!"

(sich) ducken to duck

Windschutzscheibe windshield

Fahrgast passenger

Salve volley

keuchen to puff

Biegung curve, bend

treiben to drive

Vordersitz front seat

Riese giant

Ahnung idea

woanders somewhere else

13. Igors bessere Idee, VII & VIII

VII

Kaum zwei Stunden später hatte ein Polizeiauto den Tresor in Alders Büro zurückgebracht. Er war aus Igors Tomatenbeet wieder ausgegraben worden.

Erleichtert° fiel der glückliche Direktor in seinen Sessel zurück. "Lang lebe die Kripo!" rief er aus, von Willi auf Hund blickend. "Ohne Sie hätten wir unsere Dokumente nie mehr wiedergesehen . . ."

erleichtert relieved

In seinem grossen Mercedes nahm er die beiden mit in ein elegantes Weinrestaurant am Zoo.

"Wissen Sie, was Sie gerettet hat?" fragte der Kommissar ihn beim ersten Glas Wein. "Es war Igors bessere Idee!"

Dann schilderte er Alders die Ereignisse des Nachmittags und fügte hinzu, was Igor Müller ihm nach seiner Verhaftung° gestanden hatte.

Er hatte sich tatsächlich von einem anderen ostdeutschen Agenten überreden° lassen, die Patent-Dokumente zu stehlen. Dabei war ihm seine Bekanntschaft mit Erna Gross, die er ein Jahr zuvor° im Flüchtlingslager getroffen hatte, von Nutzen gewesen.

"Ihre Sekretärin wollte es zuerst nicht tun, worauf Igors 'Kameraden' von drüben ihren Vater in Ostberlin verhafteten. Es war eine gemeine° Erpressung",° sagte Hund. "Damit er wieder frei gelassen würde, sagte ihr Igor, brauche sie nur den Riegel an Ihrem Bürofenster zurückzuschieben, worauf ihr Vater zu ihr nach Westberlin kommen dürfe. Vorige Nacht sollte dies geschehen, aber er kam nicht. Da nahm sie ein Taxi nach Heiligensee, um Igor zur Rechenschaft° zu ziehen."

"Hat sie das selbst gesagt?" fragte Alders.

"Ja, seien Sie guten Mutes! Sie will alles tun, sagte sie mir, womit sie Ihr Vertrauen° wiedergewinnen kann."

Niemand soll sagen," erwiderte Alders, sein Weinglas betrachtend, "dass ich Erna im Stich lassen° werde. Ich werde ihr den besten Rechtsanwalt beschaffen."°

VIII

Die drei trennten° sich vor dem Weinrestaurant.

"Verraten Sie mir noch eins", sagte Alders beim Abschied, als er in seinen Mercedes stieg. "Was war eigentlich° Igors bessere Idee?"

Der Kommissar lachte.

"Als er Ihren Tresor in sein Auto gepackt hatte, fuhr er sofort damit nach Heiligensee, wobei er sich die letzten Nachrichten im Radio anhörte. Die Ankunft der Wirtschaftsdelegation° aus China wurde gemeldet, und das gab ihm die Idee."

Verhaftung arrest

überreden to persuade

zuvor ago

gemein mean
Erpressung blackmail

(zur) Rechenschaft ziehen to call to account

Vertrauen confidence

(im) Stich lassen to leave in the lurch
beschaffen to provide

(sich) trennen to part

eigentlich really

Wirtschaftsdelegation group of commercial delegates

"Ich verstehe nicht ganz . . ." murmelte der Direktor.

"Ganz einfach: Igor sah auf einmal die Chance, Ihre Patente zu einem höheren Preise den Chinesen anzubieten, anstatt sie seinen Kameraden zu geben. Deshalb vergrub er den Tresor zuerst, wobei sein neuer Plan war, so rasch wie möglich Kontakt mit den Leuten aus Peking aufzunehmen."

"Woran er dabei nicht gedacht hatte", fuhr Willi fort, "war, dass Fräulein Gross ungeduldig auf die Rückkehr ihres Vaters wartete. Als es ihm heute früh wieder einfiel, fuhr er rasch mit der Nachricht zu ihrer Wohnung . . ."

"Aber Fräulein Gross war schon fort, auf dem Wege zu ihm, nicht war?" sagte Alders. "Wenn ich das nur alles gewusst hätte!" Er drückte auf seinen Starter. "Ich muss nach Hause, meine Frau wird sich wundern. Noch einmal besten Dank, meine Herren!"

Hund ging mit Willi noch etwas auf dem Kurfürstendamm° spazieren, der um diese späte Abendzeit in heller Beleuchtung° lag. Im Gedränge der Passanten° blieb er plötzlich stehen.

"Willi", sagte er, "Wo hatten Sie Igor gefunden, als Sie mit ihm auf mein Auto zu gerannt kamen?"

"Ganz einfach. Während Sie Erna Gross zu sich in den Wagen nahmen, blieb ich am Strassenrand versteckt. Igor, der Erna verfolgte, lief mir direkt in die Arme. Dann ergab° er sich Ihnen, weil er weniger Angst vor uns hatte als vor seinen Kameraden."

"Wie dem auch sei!"° lachte Hund. "Vor denen ist er jetzt sicher. Wenigstens für ein paar Jahre."

Kurfürstendamm (name of famous Westberlin avenue)
Beleuchtung illumination
Passant passer-by

(sich) ergeben to surrender

Wie dem auch sei be that as it may

I:
1. Wie schwer, dachte der Direktor, war der Tresor?
2. Welche Arbeit hatte sich der Einbrecher erspart?
3. Wie lange sollte alles unberührt bleiben, sagte Hund?
4. Worauf konnte man durch das hohe Fenster sehen?
5. Wozu hatte niemand Erlaubnis, sagte Alders?
6. Wer hatte das Büro als letzter verlassen?

II:

1. Was für Papiere enthielt der Tresor?
2. Wer ist an dem Patent interessiert?
3. Wer hat sich auch bereits danach erkundigt?
4. Worauf wies Alders nickend?
5. Mit wem sprach Hund am Telefon?
6. Was verriet er der Vermieterin über sich selbst?

III:

1. Wann hatte Fräulein Gross das Haus verlassen?
2. Um was bat Hund die Vermieterin?
3. Was für einen Akzent hatte der Mann?
4. Wohin fuhr Hund seinen Opel?
5. Was konnte der Mann sein, der die Nachricht gebracht hatte?
6. Worüber war Frau Becker nicht wenig erstaunt?

IV:

1. Was wollte Hund von Willi erfahren?
2. Wo war Igor Müller zuletzt gesehen worden?
3. Wer versuchte, die Nachricht zu entziffern?
4. Was für Buchstaben waren dazwischen?
5. Welche fünf Buchstaben waren dieselben wie im Deutschen?
6. Welche Nachricht an Fräulein Gross ergab sich?

V:

1. Wann kam Willi hereingestürzt?
2. Wohin sausten sie beide in Hunds Opel?
3. Was bildet die Havel in Heiligensee?
4. Wo hat Igor, denkt Willi, den Tresor vergraben?
5. Worauf wies Hund, als er wieder zurück war?
6. Wo war Igors Tomatenbeet gelegen?

VI:

1. Woher kam plötzlich ein Schuss?
2. Was bemerkte Hund hinter der Biegung?
3. Wen trieb Willi vor sich her?
4. Neben wem war Willi selbst eingestiegen?
5. Was hielt Hund auf den Riesen gezielt?
6. Wo können sie darüber reden, sagte Hund?

VII:

1. Woraus war der Tresor wieder ausgegraben worden?
2. Wohin nahm Alders die beiden mit?
3. Von wem hatte Igor sich überreden lassen?
4. Was hatten seine 'Kameraden' mit Ernas Vater getan?
5. Weshalb nahm Erna ein Taxi nach Heiligensee?
6. Wen will Direktor Alders ihr beschaffen?

VIII:

1. Was wurde in den letzten Nachrichten gemeldet?
2. Welche Chance sah Igor auf einmal?
3. Woran hatte er dabei nicht gedacht?
4. Wo ging Hund mit Willi noch etwas spazieren?
5. Was hatte Willi getan, als Hund das Fräulein zu sich in den Wagen nahm?
6. Wie lange ist Igor jetzt vor seinen Kameraden sicher?

45

1. Der Kirschbaum

Vocabulary Exercises

A. **Synonyms** are words of similar meaning. Match the following synonyms.

A	B
1. dick	a. stöhnen
2. seufzen	b. Verführung
3. Versuchung	c. fett
4. geschehen	d. Fehler
5. Irrtum	e. passieren

B. **Antonyms** are words of opposite meaning. Match the following antonyms.

A	B
1. traurig	a. geben
2. verlieren	b. stark
3. Abend	c. lustig
4. nehmen	d. Morgen
5. schwach	e. finden

C. **Word Sets**

Find the word that does not belong and tell why it does not.

1. sagen, essen, fragen, erzählen
2. Abend, Woche, Haus, Jahr
3. traurig, müde, achttausend, schwach
4. Mensch, Brille, Kreatur, Tochter
5. durch, gegenüber, Gefängnis, für

D. Complete the sentence with one of the words listed: **neunzehn, Tasche, gegenüber, Versuchung, wollte**

1. Ich sitze Emanuel _____.
2. Seine Tochter ist _____ Jahre alt.

3. Er nahm die _____ mit nach Hause.
4. Immer schon _____ er einen Kirschbaum haben.
5. Er war nicht gegen die _____ gefeit.

II. Structures

A. Change the cases wherever necessary.

1. Er sah mich durch (seine Brillengläser) an.
2. Sie führte den Haushalt für (ihr Vater).
3. Er kam ohne (seine eigene Tasche) an.
4. Die Tasche war gegen (sein Sitz) gelehnt.
5. Er bleibt noch (ein halbes Jahr) im Gefängnis.

B. Form a sentence using the words given in their correct order, applying the correct verb forms.

1. in den Besucherraum/mich/der Gefängniswärter/führen (past)
2. Frieda/es/wie/gehen (present)?
3. die Strafe/Emanuel/verdienen (present)
4. er/seinen Irrtum/daheim/erkennen (past)
5. einen Kirschbaum/ihm/seine Tochter/kaufen (past)

III. Verb Exercises

A. Complete the sentences.

1. Dann _____ er Emanuel gegenüber. (present)
2. Er _____ ihn müde an. (present)
3. Emanuel _____ die Tasche mit nach Hause. (past)
4. Nicht jeder _____ gegen alle Versuchungen gefeit. (present)
5. Er _____ den Baum im Hinterhof ein. (past)

B. Change the verbs to past tense.

1. "Zehn Minuten," <u>sagt</u> der Gefängniswärter.
2. Ich <u>sitze</u> Emanuel gegenüber.

48

3. Frieda ist <u>seine</u> Tochter.

4. "Das gute Kind!" <u>seufzt</u> er.

5. Er <u>nimmt</u> seine Brille ab.

C. Change the verbs to present tense.

1. Es <u>war</u> nicht seine eigene Tasche.

2. Dann <u>kam</u> die Uberraschung.

3. Sie <u>pflanzte</u> den Baum im Hinterhof ein.

4. Frieda <u>brachte</u> die Tasche zur Polizei.

5. Der Verlierer <u>erhielt</u> das Geld zurück.

D. Complete the chart.

	Present Tense	Past Tense
1. sagen: ich	————	————
2. lächeln: ich	————	————
3. sein: ich	————	————
4. beginnen: ich	————	————
5. vergraben: ich	————	————

2. Hildas erster Fall

Vocabulary Exercises

A. Synonyms

Match the following synonyms.

A	B
1. stöhnen	a. erstaunt
2. merkwürdig	b. seufzen
3. Foto	c. seltsam
4. beschreiben	d. erklären
5. verblüfft	e. Bild

B. Antonyms

Match the following antonyms.

A	B
1. übermorgen	a. Frühstück
2. abstreiten	b. niedrig
3. Abendessen	c. Lüge
4. hoch	d. vorgestern
5. Geständnis	e. gestehen

C. Word Sets

Find the word that does not belong and tell why it does not.

1. begegnen, folgen, glauben, Platz nehmen
2. Kabine, Wahrheit, Bord, Schiff
3. auch, bei, zu, seit
4. antworten, gehen, widersprechen, murmeln
5. Vernehmung, Polizei, Grog, Detektiv

D. Complete the sentence with one of the words listed: **Betrieb, Grog, Beweis, Äusseres, Bord.**

1. Seine Frau ist über _____ gefallen.
2. Der Hut ist kein absoluter _____ dafür.

3. Er blickte auf den _____ in Hamburger Hafen.

4. Maier lud ihn zu einem Glas _____ ein.

5. Sie änderte wieder schnell ihr _____.

II Structures

A. Change the cases wherever necessary.

1. Er machte das Foto am (erster Tag) der Reise.

2. Sie stammten beide aus (einfache Verhältnisse).

3. Werner hat keine Minute seit (das Unglück) geschlafen.

4. Maier schien, dass (sie) das Kleid nicht gut passte.

5. Sie nahm zwischen (die beiden) Platz.

B. Form a sentence using the words in their correct order.

1. das Bild/gemacht/der Schiffsfotograf/hat

2. keine Minute/habe/seit dem Unglück/ich/geschlafen

3. ist/an Bord/der Frau/begegnet/Hilda

4. hat/der anderen Passagiere/etwas/gesehen/keiner

5. sie/der Schiffskapitän/nicht/wiederkannt/hat

III. Verb Exercises

A. Complete the sentence using the correct form of "haben" or "sein" for the present perfect tense.

1. Seine Frau _____ über Bord gefallen.

2. An solch eine Katastrophe _____ keiner gedacht.

3. Hilda sagte: "Ich _____ das Foto von dem Agenten bekommen."

4. Werner sagte: "Am Tage vor der Reise _____ wir geheiratet."

5. Er _____ mit ihr allein an Bord gegangen.

B. Change the verbs to present perfect tense.

1. Er machte ein Foto von ihnen.

2. Es war am Tage nach der Hochzeit.

51

3. Der Vertreter <u>sah</u> zur Seite.

4. Schweigend <u>nahm</u> sie das Foto.

5. Werner <u>rannte</u> die Strasse hinunter.

C. Complete the chart.

	Past Tense	Present Perfect
1. hoffen: ich	————	————
2. wissen: ich	————	————
3. bekommen: ich	————	————
4. rennen: ich	————	————
5. murmeln: ich	————	————
6. antworten: wir	————	————
7. stöhnen: wir	————	————
8. kommen: wir	————	————
9. gestehen: wir	————	————
10. reisen: wir	————	————

3. Der Zauberkünstler

I. **Vocabulary Exercises**

A. Synonyms

Match the following synonyms.

A	B
1. tragen	a. beschreiben
2. schnell	b. Zuschauer
3. schildern	c. anhaben
4. Publikum	d. prüfen
5. untersuchen	e. rasch

B. Antonyms

Match the following antonyms.

A	B
1. hinten	a. fortgehen
2. Dame	b. Anfang
3. verstecken	c. vorne
4. Ende	d. wiederfinden
5. ankommen	e. Herr

C. Word Sets

Find the word that does not belong and tell why it does not.

1. Brosche, Fräulein, Dame, Frau
2. aufgeregt, erstaunt, gross, verblüfft
3. Bühne, Garderobe, Theater, Wort
4. bezeichnen, verschwinden, erklären, schildern
5. Hand, Auge, Plakat, Haar

D. Complete the sentence with one of the words listed:

Knopf, nirgendwo, Plakat, verschwunden, Ausweis.

1. Die Brosche war plötzlich _____.
2. Der Schmuck war _____ zu finden.

3. Sein Blick fiel auf das _____ an der Wand.

4. Der Kommissar zeigte ihm seinen _____.

5. Er drehte an dem _____ am Ende des Stabes.

II.   Structures

A.   Change the cases wherever necessary.

1. Sie hatte die Brosche in (ihr Haar) getragen.
2. Der Schmuck lag nicht unter (der Sitz).
3. Er blickte auf das (grosse Plakat) über (der Spiegel).
4. Er hatte den Ring in (eine Uhr) verwandelt.
5. Der Kommissar fuhr zu (das Theater) zurück.

B.   Form a sentence using the words in their correct order.

1. bis vorne/den Zuschauerraum/wir/von hinten/untersucht/haben
2. Jansen/zeigte/mit einem Zauberstab/das Plakat/auf
3. er/fast in der ganzen Welt/hatte/vorgeführt/den Trick
4. auch/unter den Apparaten/ein Kasten/war
5. des Nachtwächters/sich/die Augen/weiteten

III.   Verb Exercises

A.   Complete the sentence using the correct form of "haben" or "sein" for the past perfect tense.

1. Jansen _____ von der Bühne herunter ins Publikum getreten.
2. Er _____ die Gegenstände in etwas anderes verwandelt.
3. Er _____ vorigen Monat in New York gewesen.
4. Der Kommissar _____ das Löschpapier auf dem Tisch bemerkt.
5. Er sah den Gegenstand, den Jansen als "Wand" bezeichnet _____.

B. Change the verbs to past perfect tense.

1. "Er <u>ist</u> an mich herangetreten," sagte sie.
2. Der Direktor <u>kam</u> in die Garderobe.
3. Der Zauberkünstler <u>spricht</u> mit ein paar Zuschauern.
4. Er <u>hat</u> die Worte mit Tinte geschrieben.
5. Der Kommissar <u>bemerkte</u> es nicht sofort.

C. Complete the chart.

	Present Perfect	Past Perfect
1. tragen: du	————	————
2. sein: du	————	————
3. schildern: du	————	————
4. verschwinden: du	————	————
5. pfeifen: du	————	————
6. schreien: ihr	————	————
7. verraten: ihr	————	————
8. fahren: ihr	————	————
9. verstecken: ihr	————	————
10. fallen: ihr	————	————

4. Sein letzter Wille

I. Vocabulary Exercises

A. Synonyms

Match the following synonyms.

A	B
1. bedürfen	a. Ozean
2. Meer	b. erfrieren
3. Betrug	c. Testament
4. erstarren	d. Schwindel
5. letzter Wille	e. brauchen

B. Antonyms

Match the following antonyms.

1. ausserhalb	a. nichts
2. mehr	b. lebendig
3. tot	c. sich setzen
4. alles	d. weniger
5. sich erheben	e. innerhalb

C. Word Sets

Find the word that does not belong and tell why it does not.

1. Erbschaft, Hütte, Alleinerbe, letzter Wille
2. sich erheben, sich setzen, sich waschen, sich zuwenden
3. still, bedürftig, ruhig, schweigsam
4. Nordsee, Meer, Ostsee, Zukunft
5. fragen, sehen, antworten, erwidern

D. Complete the sentence with one of the words listed: **Celsius, berufliche, aufgrund, zerknitterten, Liegestuhl.**

1. Sie erhob sich von ihrem _____.
2. Brauchte er diese Dinge für seine _____ Zukunft?

56

3. Er gab ihr den _____ Zettel.
4. Man kann es _____ seiner Handschrift erkennen.
5. Es war zwischen minus 20 and 25 Grad _____.

II. Structures

A. Change the cases wherever necessary.

1. Sie war die Tochter (der Forscher).
2. Sie bedurfte (diese Erbschaft) viel mehr.
3. Man kann es aufgrund (seine Handschrift) erkennen.
4. Ausserhalb (die Hütte) war es noch kälter.
5. Wird sie ihn wegen (Betrugsversuch) anzeigen?

B. Form a sentence using the words in their correct order.

1. auf den jungen Mann/von den Dokumenten/blickte/der Rechtsanwalt
2. sich/von ihrem Liegestuhl/erhob/Irene
3. nicht/sich bewusst/er/dieser Tatsache/war
4. er/fast erfroren/war/trotz seiner Pelzkleidung
5. ihm/gab/seinen letzten Schnaps/Volkert

III. Verb Exercises

A. Complete the sentence using the future tense of the verb given at the end.

1. Für Irene _____ wohl nicht viel übrig (bleiben).
2. Alle Gerichte _____ ihr recht (geben).
3. Wir _____ eine Analyse von den Handschriftexperten (erhalten).
4. Sie sagte: "Ich _____ Sie _____ (anzeigen)."
5. Irene _____ die Alleinerbin ihres Vaters (sein).

B. Change the verbs to future tense.

1. Er <u>starrt</u> auf die Ostsee hinaus.
2. Sie <u>schritt</u> von einem Ende der Veranda zum andern.
3. Nicht alle <u>waren</u> sich dieser Tatsache bewusst.
4. Er <u>gibt</u> ihr den zerknitterten Zettel.
5. Ihr Vater <u>hat</u> es nicht <u>geschrieben</u>.

C. Complete the chart.

Future tense

1. blicken: ich _____
2. rennen: du _____
3. antworten: er _____
4. sehen: wir _____
5. abstreiten: ihr _____
6. erstarren: sie _____
7. beschreiben: ich _____
8. tragen: du _____
9. seufzen: er _____
10. eingraben: wir _____
11. sitzen: ihr _____
12. erfahren: sie _____

5. Besuch in der Nacht

I. **Vocabulary Exercises**

A. Synonyms

Match the following synonyms.

A	B
1. glänzen	a. brauchen
2. nötig haben	b. schillern
3. Geldschrank	c. fühlen
4. stammeln	d. Tresor
5. spüren	e. stottern

B. Antonyms

Match the following antonyms.

A	B
1. verkaufen	a. schwer
2. leicht	b. sondern auch
3. aufwachen	c. belohnen
4. nicht nur	d. einschlafen
5. bestrafen	e. kaufen

C. Word Sets

Find the word that does not belong and tell why it does not.

1. Einbrecher, Atem, Dieb, Verbrecher
2. bedürftig sein, nötig haben, singen, brauchen
3. Juwel, Ring, Schmuck, Haustür
4. scheinen, glänzen, rufen, schillern
5. Frau, Schloss, Ehepaar, Mann

D. Complete the sentence with one of the words listed: **bestraft, Schein, glänzendes, Nacken, nötig.**

1. Er sah alles im _____ der Taschenlampe.
2. Auch ein _____ Halsband lag in dem Geldschrank.

3. Ein Revolver wurde ihm in den _____ geschoben.
4. So _____ man Verbrecher, murmelte er.
5. Ich hatte kein Werkzeug _____, sagte er.

II. Structures

A. Use one of the following relative pronouns: **der, die, dessen, den, das.**

1. Er sah in den Geldschrank, _____ er aufgebrochen hatte.
2. Bernie sah nicht den Mann, _____ Atem er spürte.
3. Es war das Ehepaar, _____ nach Hause kam.
4. Das ist die Tür, _____ der Mann geöffnet hat.
5. Es war jemand anders, _____ mehr von diesem Handwerk versteht.

B. Complete the sentence with one of the words listed: **was, womit, was, wodurch, was.**

1. _____ vor ihm lag, war viel Geld.
2. Dies ist das Schloss, _____ der Geldschrank gesichert war.
3. Alles, _____ er sagte, war: "Gehen Sie!"
4. Es war das Unglaublichste, _____ ihm je passiert war.
5. Man sah nicht das Werkzeug, _____ der Geldschrank aufgebrochen worden war.

III. Verb Exercises

A. Change the whole sentence to passive voice.

1. Er nimmt das Halsband aus dem Geldschrank.
2. Der Mann schob ihm einen Revolver in den Nacken.
3. Ein Schloss sicherte den Geldschrank.
4. Jemand öffnete die Haustür.
5. Er hat den Geldschrank mit dem Werkzeug aufgebrochen.

60

B. Replace the passive verb form with a substitute structure formed with "man."

1. Die Juwelen werden in den Geldschrank gesteckt.
2. Die Haustür wurde sehr leicht geöffnet.
3. Der Geldschrank ist aufgebrochen worden.
4. Wird die Polizei gerufen werden?
5. Der Mann ist überrascht worden.

C. Complete the chart.

Passive voice, different tenses

1. bestrafen: ich (present)   _____
2. verkaufen: es (past)   _____
3. bringen: Sie (pres. perfect) _____
4. rufen: du (past perfect)   _____
5. belohnen: ihr (future)   _____

6. Die Entführung

Vocabulary Exercises

A. Synonyms

Match the following synonyms.

1.	erregen	a.	Besitz
2.	Bogen	b.	Nachricht
3.	dicht an	c.	aufregen
4.	Vermögen	d.	nahe bei
5.	Botschaft	e.	Zettel

B. Antonyms

Match the following antonyms.

1.	leise	a.	viel
2.	niemand	b.	sitzen
3.	Hintertür	c.	laut
4.	stehen	d.	jemand
5.	wenig	e.	Vordertür

C. Word Sets

Find the word that does not belong and tell why it does not.

1. hastig, dick, rasch, schnell
2. strahlen, glänzen, scheinen, warten
3. Papier, Wagen, Zettel, Bogen
4. stürzen, laufen, essen, springen
5. morgen abend, sehr schön, gestern mittag, heute früh

D. Complete the sentence with one of the words listed: **einsam, Bankrott, angerufen, Zeitung, Achseln.**

1. Die Buchstaben waren aus einer _____ ausgeschnitten.
2. Es war Gruber, der ihn _____ hatte.

3. "Am Alpsee ist es sehr _____," sagte er.
4. Der Hausherr zuckte die _____.
5. Er hatte kürzlich _____ gemacht.

II. Verb Exercises

A. Complete the sentence using the correct form of the modal auxiliary given, applying the following tenses: a. present tense, b. past tense, c. future tense.

1. "Ich (können) _____ es nicht glauben," sagte er.
2. Der Entführer (wollen) _____ viel Geld haben.
3. Er fragte: "Glauben Sie, wir (sollen) _____ es tun?"
4. Du (dürfen) _____ es nicht vergessen.
5. "Ich (müssen) sofort zur Bank," sagte sie.

B. Change the verb form in the sentence to a. present perfect tense, b. past perfect tense, applying the double infinitive.

1. Der Detektiv wollte den Entführer entlarven.
2. Van Pelten sollte zum Alpsee kommen.
3. Er musste das Geld hinter den Busch legen.
4. Gruber konnte den grossen Mann sehen.
5. Frau van Pelten durfte es nicht wissen.

C. Complete the chart.

	Present Tense	Past Tense
1. mögen: er	_____	_____
2. können: ich	_____	_____
3. dürfen: ihr	_____	_____
4. wollen: du	_____	_____
5. müssen: sie (she)	_____	_____

D. Fill in the correct past participle form of the modal auxiliary in the sentence: Er hat es . . .

a. wollen, b. können, c. sollen, d. müssen, e. dürfen, f. mögen.

E. Complete the sentence with one of the words listed:
weiss, gekannt, wussten, kennt, gewusst

1. Frau von Pelten hat es nicht _____.
2. "Ich habe ihn nicht _____," sagte er.
3. "Wir _____, dass Dieter verschwunden war," sagte sie.
4. _____ Gruber diesen Mann?
5. Van Pelten _____, wo der Alpsee liegt.

7. Renates Triumpf

I. **Vocabulary Exercises**

A. **Synonyms**

Match the following synonyms.

A	B
1. passieren	a. Schiff
2. Zuchthaus	b. auch
3. Platz nehmen	c. Gefängnis
4. ebenfalls	d. geschehen
5. Dampfer	e. sich setzen

B. **Antonyms**

Match the following antonyms.

A	B
1. schieben	a. hässlich
2. trotz	b. erstaunt sein
3. stutzen	c. ziehen
4. hübsch	d. suchen
5. finden	e. wegen

C. **Word Sets**

Find the word that does not belong and tell why it does not.

1. auf, hinter, aber, unter
2. Zeuge, Passagier, Richter, Polizist
3. aufblicken, betrachten, ansehen, kaufen
4. Motorrad, Wagen, Sessel, Fahrrad
5. verurteilen, fortgehen, eintreten, zurückkehren

D. Complete the sentence with one of the words listed: **Motorrad, abstehende, geworden, entsetzt, Nachfolgerin.**

1. Sie war seine _____ am Gericht.
2. Er hörte sie auf ihrem _____ davonbrausen.

3. "Was ist aus dem Mörder _____ ?" fragte er.
4. Wernicke hatte _____ Ohren.
5. Der Polizeibeamte sah _____ zu ihr auf.

II. Verb Exercises

A. Complete the sentence with the correct verb form using a) present tense, b) past tense.

1. Renate (zurückschieben) a) _____ / b) _____ ihre Brille _____
2. Sie (davonbrausen) a) _____ / b) _____ auf ihrem Motorrad _____
3. Feldmann (hinaussehen) a) _____ / b) _____ auf den Rhein _____
4. Ein Dampfer (vorbeifahren) a) _____ / b) _____ gerade _____
5. Feldmann (zumachen) a) _____ / b) _____ das Fenster _____

B. Change the verb form to a) present perfect tense, b) past perfect tense.

1. Der Richter hörte Renate zu.
2. Wie sah Wernicke aus?
3. Die Schiffe fuhren vorbei.
4. Renate setzte ihr Weinglas nieder.
5. Sie brauste mit ihrem Motorrad davon.

C. Change the sentences above to future tense.

D. Complete the sentence with one of the words listed: **wird, wurde, geworden, lässt, lassen.**

1. Ich glaube, es _____ kalt draussen.
2. "Vielleicht _____ sich der Name finden," sagte sie.
3. Sie war seine Nachfolgerin _____.
4. "Wird es sich machen _____ ?" fragte er.
5. Der Mann _____ lebendig und rannte fort.

E. Complete the chart.

	Present Perfect	Future Tense
1. abnehmen: ich	_____	_____
2. zumachen: du	_____	_____
3. vorlesen: er	_____	_____
4. fortlaufen: wir	_____	_____
5. ankommen: ihr	_____	_____
6. zuschauen: sie	_____	_____

8. Onkel Jans Rätsel

I. Vocabulary Exercises

A. Synonyms

Match the following synonyms.

A	B
1. erhalten	a. nachdenken
2. Einfall	b. Methode
3. bestimmen	c. bekommen
4. System	d. entscheiden
5. grübeln	e. Idee

B. Antonyms

Match the following antonyms.

1. Fleiss	a. sprechen
2. richtig	b. vorwärts
3. schweigen	c. Faulheit
4. Tod	d. falsch
5. rückwärts	e. Leben

C. Word Sets

Find the word that does not belong and tell why it does not.

1. verwirrt, erstaunt, zufrieden, verblüfft
2. Wort, Zaun, Buchstabe, Satz
3. merkwürdig, ungewöhnlich, seltsam, wirklich
4. fortsetzen, ansehen, weitergehen, fortfahren
5. Reihe, Vormittag, Abend, Mitternacht

D. Complete the sentence with one of the words listed: **hinauf, verärgert, Jungeselle, früh, wer.**

1. Morgen _____ um zehn Uhr sehen wir uns wieder.
2. Sie gingen den Berg _____ zur Universität.
3. Er war ein kinderloser _____ geblieben.

4. _____ die Lösung gefunden hat, wird zum Erben erklärt werden.

5. Udo ging _____ zu Bett.

II. Structures

A. Add adjective endings wherever necessary.

1. Solche merkwürdig_____ Einfälle hatte der Onkel immer gehabt.

2. Welches geheim_____ System hatte er angewandt?

3. Er grübelte lange über demselben mysteriös_____ Rätsel.

4. Manche lang_____ Nacht hatte er seine Ausdauer bewiesen.

5. Solch ein verrückt_____ Rätsel war ihm noch nicht vorgekommen.

B. Form a sentence using the words in their correct order.

1. er, von Buchstaben, an, noch einmal, sah, die lange Reihe

2. probierte, schliesslich, er, die umgekehrte Methode

3. die Schuhfabrik, er, mit Ausdauer und Fleiss, aufgebaut, selbst, hatte

4. auf, die Buchstabenreihe, er, von rückwärts, schrieb

5. solch ein Rätsel, vor, nicht oft, kommt, wie dieses

III. Verb Exercises

A. Complete the sentence using the correct form of the given verb in past tense.

1. (wiedersehen) Ich _____ ihn gestern _____.

2. (bekommen) Er _____ eine Kopie des Testamentes.

3. (anblicken) Der Anwalt _____ die beiden Vettern_____.

4. (bestimmen) Onkel Jan _____ es so.

5. (hinaufgehen) Sie _____ den Berg _____.

B. Use the same sentences as in A in present perfect tense.

C. Use the same sentences in future tense.

D. Complete the chart.

	Present Tense	Past Perfect
1. aufbauen: er	_____	_____
2. erhalten: wir	_____	_____
3. fortgehen: du	_____	_____
4. entdecken: ich	_____	_____
5. eingraben: ihr	_____	_____

9. Kommissar Franzek

Vocabulary Exercises

A. Synonyms

Match the following synonyms.

A	B
1. erklären	a. fortlaufen
2. Gestalt	b. zeigen
3. entkommen	c. tatsächlich
4. weisen (auf)	d. Figur
5. eigentlich	e. beschreiben

B. Antonyms

Match the following antonyms.

A	B
1. innehalten	a. erfreuen
2. nass	b. schreien
3. flüstern	c. Theorie
4. Praxis	d. fortfahren
5. enttäuschen	e. trocken

C. Word Sets

Find the word that does not belong and tell why it does not.

1. blitzen, geben, donnern, regnen
2. Morgen, Fenster, Dach, Tür
3. bemerken, springen, erkennen, sehen
4. viel, wenig, oft, etwas
5. einbrechen, rauben, fliegen, stehlen

D. Complete the sentence with one of the words listed: **verreist, Nachtschicht, wunderte, voll, donnerte.**

1. Es _____, als Franzek zu ihr fuhr.
2. Der Einbrecher wusste, dass ihre Nachbarn _____ waren.

3. Der Sack war _____ gestohlener Sachen.

4. Es _____ ihn, dass er aufs Dach geklettert war.

5. Ihr Sohn kam von seiner _____ nach Hause.

II.   Structures

Add the correct adjective endings.

1. Kein ander_____ Beamter ausser ihm hatte so
   spät Dienst.

2. In seiner ganz_____ Praxis hatte es das noch
   nicht gegeben.

3. Es gab keine logisch_____ Gründe dafür.

4. Sie blickte durch ihr offen_____ Küchenfenster.

5. Der Fall hätte ohne Georg kein glücklich_____
   Ende gehabt.

III.   Verb Exercises

A.   In translating into German, apply impersonal verbs.

1. I am sorry, Sir.

2. This does not happen often.

3. Franzek will succeed in it.

4. He likes it very much.

5. It surprises her that he is on the roof.

B.   Change the given noun or pronoun to its correct case form.

1. Es tat (der Kommissar) leid.

2. Was (er) passiert ist, gibt es nicht oft.

3. Es gelang nur (die Frau), die Gestalt zu sehen.

4. (Der Kommissar) gefiel es nicht sehr.

5. Es wunderte (er), dass der Dieb auf dem Dach war.

10. Igors bessere Idee, I & II

I. Vocabulary Exercises

A. Synonyms

Match the following synonyms.

A	B
1. verzeihen	a. Safe
2. Tresor	b. andernfalls
3. sonst	c. Rauch
4. verdutzt	d. entschuldigen
5. Qualm	e. überrascht

B. Antonyms

Match the following antonyms.

A	B
1. abschliessen	a. verschwinden
2. immer	b. vielleicht
3. erlauben	c. öffnen
4. bestimmt	d. verbieten
5. erscheinen	e. niemals

C. Word Sets

Find the word that does not belong and tell why it does not.

1. Pfund, Kinn, Zentner, Gramm
2. anblicken, sich umsehen, entlassen, beobachten
3. fragen, reiben, sich erkundigen, erforschen
4. Zettel, Dokument, Telefon, Papier
5. mitteilen, zahlen, verraten, erklären

D. Complete the sentence with one of the words listed: **Griff, Miete, erspart, Runden, daran.**

1. Auf jeder seiner _____ prüfte er die Türen.
2. Der Einbrecher hat sich die Arbeit _____.

3. Er hob das Fenster mit einem _____ hoch.
4. Nicht nur die USA sind _____ interessiert.
5. Sie zahlte ihre _____ im Voraus.

II. Structures

A. Connect the sentences by using the given conjunction and applying the correct word order.

1. Die Tür war verschlossen. Ich habe nichts gehört. (und)
2. Lassen Sie alles unberührt hier. Unsere Spezialisten haben sich nach Fingerabdrücken umgesehen. (bis)
3. Das erklärt es wohl. Der Einbrecher ist hereingekommen. (wie)
4. Er sah dem Qualm aus seiner Zigarre nach. Er hörte die Stimme am anderen Ende der Leitung. (als)
5. Er fuhr nach Wittenau hinaus. Er fand das Haus von Frau Becker. (wo)
6. Hund verriet es ihr. Er suchte kein Zimmer. (dass)
7. Sie war eine ihrer angenehmsten Mieterinnen. Sie hat nie Herrenbesuch gehabt. (weil)
8. Frau Becker hatte sie gern. Sie zahlte ihre Miete im voraus. (denn)
9. Sonst kam niemand zu ihr. Heute morgen war jemand gekommen. (aber)
10. Der Kommissar hatte keinen Hund. Sein Name war Hund. (sondern)

B. Complete the sentence by using the best-fitting indication word, such as: ja, doch, wohl, nämlich, übrigens, denn.

1. Der Tresor ist _____ bestimmt einen halben Zentner schwer.
2. Sein Büro war _____ wie immer abgeschlossen.

3. Das erklärt _____, wie der Einbrecher hereingekommen ist.
4. Wo ist sie _____, fragte er.
5. Es ist _____ wegen Fräulein Gross, sagte er.

11. Igors bessere Idee, III & IV

I. **Vocabulary Exercises**

A. **Synonyms**

Match the following synonyms.

A	B
1. gleichen	a. Zoo
2. Nachricht	b. erfahren
3. überlassen	c. ähnlich sein
4. Tiergarten	d. Botschaft
5. herausbekommen	e. geben

B. **Antonyms**

Match the following antonyms.

1. später	a. zuerst
2. geboren	b. nichts
3. alles	c. Anfang
4. Ende	d. früher
5. zuletzt	e. gestorben

C. **Word Sets**

Find the word that does not belong and tell why it does not.

1. Umschlag, Osten, Süden, Westen
2. später, was, darauf, dann
3. überrascht, verblüfft, sofort, erstaunt
4. stehen, glauben, meinen, denken
5. Foto, Zeichnung, Bild, Zigarre

D. Complete the sentence with one of the words listed: **blätterte, Nachricht, gewöhnlich, Inhalt, umgesiedelt.**

1. Sie hat das Haus früher als _____ verlassen.
2. Hund wollte den _____ des Briefes erfahren.

3. Er erfuhr, dass sie nach Westberlin _____ sei.
4. Frau Becker _____ die Seiten um.
5. Die _____ war noch nicht entziffert.

II. Structures

Complete the sentence by one of the following demonstrative pronouns: **der, das, den, die, das.**

1. Ihr schien, _____ hatte einen Akzent.
2. Hund sagte: "_____ muss ich kennen lernen."
3. "Ja, _____ war er!" sagte Frau Becker.
4. "Hier ist die Botschaft; ihm scheint, _____ wäre halb russisch."
5. Er sagte: "_____ macht den Fall klarer."

III. Verb Exercises

A. Supply the correct subjunctive forms using "dass" in the subordinate clause.

1. Er erfuhr über Fräulein Gross _____ (Sie war Russlanddeutsche.)
2. Sie sagte _____ (Einer der Männer glich ihrem Besucher.)
3. Er las _____ (Igor war im Tiergarten verhaftet worden.)
4. Ihm schien _____ (Die Nachricht war halb deutsch und halb russisch.)
5. Er erklärte _____ (Vier Buchstaben werden anders geschrieben.)

B. Supply the correct subjunctive forms in the subordinate clauses without using "dass," following the pattern: Er sagte, es sei warm.

1. Sie erwiderte _____ (Er war ein grosser starker Mann.)

2. Hund sagte _____ (Es handelt sich um einen Fall von grosser Wichtigkeit.)
3. Ihr schien _____ (Der Mann hatte einen Akzent.)
4. Hund erfuhr _____ (Sie war nach Westberlin umgesiedelt worden.)
5. Er glaubt _____ (Igor hat sie im Flüchtlingslager kennen gelernt.)

12. Igors bessere Idee, V & VI

I. **Vocabulary Exercises**

A. **Synonyms**

Match the following synonyms.

A	B
1. keuchen	a. Idee
2. Fahrgast	b. beugen
3. ducken	c. stöhnen
4. Ahnung	d. öffnen
5. aufreissen	e. Passagier

B. **Antonyms**

Match the following antonyms.

A	B
1. vergraben	a. herausnehmen
2. links	b. Ufer
3. Vordersitz	c. ausgraben
4. einstecken	d. rechts
5. Strand	e. Rücksitz

C. **Word Sets**

Find the word that does not belong and tell why it does not.

1. See, Kollege, Fluss, Meer
2. stoppen, murmeln, parken, halten
3. essen, grinsen, lächeln, kichern
4. Gashebel, Rückfenster, Stadtrand, Windschutz-scheibe
5. letzter, grösster, erster, nächster

D. Complete the sentence with one of the words listed: **heulte, Biegung, gezielt, Einbruch, Vordersitz.**

1. Igor hatte den ———— ausgeführt.
2. Der Schuss ———— vom Ufer herüber.

79

3. Er brachte das Auto an der _____ zum Halten.

4. Er sass auf dem _____ neben ihm.

5. Hund hielt seinen Revolver auf ihn _____.

II. Verb Exercises

A. Complete the sentence by supplying the correct subjunctive form of the verb.

1. "Es sieht so aus, als ob wir näher vorm Ziel _____ (stehen)," sagte Hund.

2. _____ der Fluss nicht vermint (sein), könnte man leicht in die DDR hinüber schwimmen.

3. Wenn Fräulein Gross ihm die Kombination verraten _____ (haben), hätte er die Papiere herausnehmen können.

4. "Wenn ich nicht _____ (wissen), dass man uns beobachtet, würde ich jemand fragen", sagte Hund.

5. Igor _____ (haben) es anders gemacht, wenn er alles gewusst hätte.

B. Apply the correct imperative form in German.

1. Er sagte zu Willi: (Help me look for him!)

2. Hund rief den Kindern zu: (Go away!)

3. (Save me!), schrie die junge Frau.

4. (Come!), rief Hund, die Hintertür aufreissend.

5. Der Kommissar sagte: (Let's go!)

C. Complete the sentence with one of the demonstrative pronouns listed: **der, das, keiner, der, die.**

1. Frau Becker sagte: _____ hatte einen Akzent.

2. Hund fragte: "Hat noch _____ die Nachricht entziffert?"

3. Sie rief aus: "Ja, _____ war es!"

4. Grabowski schien, _____ wäre halb deutsch und halb russisch.

5. Hund sagte: "_____ macht den Fall etwas klarer."

13. Igors bessere Idee, VII & VIII

I.   Vocabulary Exercises

A. Synonyms

Match the following synonyms.

A	B
1. zuvor	a. Furcht
2. Verhaftung	b. wirklich
3. eigentlich	c. vorher
4. Angst	d. Menschen
5. Leute	e. Festnahme

B. Antonyms

Match the following antonyms.

A	B
1. ausgraben	a. Bremse
2. Nutzen	b. mehr
3. zurückbringen	c. vergraben
4. Starter	d. hinbringen
5. weniger	e. Schaden

C. Word Sets

Find the word that does not belong and tell why it does not.

1. melden, springen, mitteilen, verraten
2. Kollege, Erpressung, Kamerad, Freund
3. höher, tiefer, mancher, breiter
4. Chance, Gedanke, Idee, Ahnung
5. in, unter, alles, nach

D. Complete the sentence with one of the words listed: **Kontakt, im Stich, ungeduldig, Flüchtlingslager, gerettet.**

1. "Igors bessere Idee hat sie _____," sagte Hund.
2. Er hatte Erna im _____ getroffen.

3. "Ich werde sie nicht _____ lassen," sagte Alders.
4. Igor wollte _____ mit den Leuten aus Peking finden.
5. Sie wartete _____ auf die Rückkehr ihres Vaters.

II. Structures

Complete the sentences with one of these da- or wo-compounds: **worauf, dabei, woran, damit, wobei.**

1. Seine Bekanntschaft mit Erna war ihm _____ von Nutzen gewesen.
2. Erna sollte das Fenster öffnen, _____ ihr Vater zu ihr kommen dürfe.
3. Der Tresor war im Auto; er fuhr _____ nach Hause.
4. Igor vergrub den Tresor, _____ sein Plan war, ihn den Chinesen anzubieten.
5. _____ er nicht gedacht hatte, war, dass Erna auf ihren Vater wartete.

III. Verb Exercises

Using the subjunctive, express the following wishes and exhortations in German.

1. Long live the Kripo!
2. One must not say to me that I will leave her in the lurch.
3. Be of good cheer, Mr. Alders!
4. If I had only known all this!
5. Be this as it may!

Master German-English Vocabulary

A

Abfahrt departure
abschliessen to conclude
abstehen to stick out
abstreiten to deny
(die) Achseln zucken to shrug one's shoulders
ähnlich sein to resemble
Ahnung idea
Aktentasche briefcase
Alleinerbe sole heir
altersschwach decrepit
angestellt employed
annehmen to suppose
anregend animating
anstossen to clink glasses
aufbrechen to break open
auffallen to attract one's attention
aufgeben to give up
aufgrund on account of
aufkleben to glue on
aufregen to excite
Auftritt appearance
Ausdauer perseverance
Aussere outward appearance
ausführen to execute
Ausweis credentials
ausser except

B

Bankangestellter bank employee
Bankrott machen to go bankrupt
Bardame (female) bar attendant
Beamte official
Bedeutung meaning
bedürfen to need
bedürftig in need of
befürchten to be afraid (of)
Beifahrersitz rear seat
begnadigen to pardon
Begräbnis funeral
Beleuchtung illumination
bemerken to notice
beruflich professional
beschaffen to provide
bestehen to exist

bestimmen to decide
bestimmt certainly
bestrafen to punish
bestreichen to spread (over)
Besucherraum visiting room
Betrieb bustle
Betrugsversuch attempt at cheating
Beweis evidence
beweisen to prove
bewusst conscious (of)
bezeichen (als) to designate (as)
Biegung curve, bend
bleich pale
Bogen sheet of paper
böse sein to be angry with
Botschaft message
brauchen to need
brausen to rage, to rush
Briefmarke stamp
Brillengläser eyeglasses
Buchstabenreihe row of letters
Bühne stage
Bündel bundle

C

Celsius centigrade

D

Dampfer steamboat
darstellen to depict
Diamantenbrosche diamond brooch
dicht (an) close (to)
Dienst haben to be on duty
(sich) ducken to knuckle under
durchschieben to push

E

Echtheit genuineness
Ehepaar married couple
eigentlich really
Einbrecher burglar
eingraben to bury
einpflanzen to plant
einsetzen to fill out
einstecken to put in
Entführer abductor
Entführung abduction
entkommen to escape
entlarven to unmask

83

entlassen   (here:) to set free
enttäuschen   to disappoint
entziffern   to decode
Erbschaft   inheritance
Erdgeschoss   ground floor
erfahren   to learn, to discover
(sich) ergeben   to result; to surrender
erheben   to raise
(sich) erheben   to get up
(sich) erkundigen   to inquire
erleichtert   relieved
Erpressung   blackmail
erregen   to excite
erscheinen   to appear
erschrocken   frightened
ersetzen   to replace
erstarren   to grow stiff

F

Fahrgast   passenger
Fall   case
Fernglas   binoculars
festnehmen   to arrest
Finanzlage   financial situation
Fingerabdruck   fingerprint
Flüchtling   refugee
Flüchtlingslager   refugee camp
Flugkarte   flight ticket
Forscher   explorer
früher   former
Fuchsaugen   fox-eyes
Führung   (here:) conduct, behavior
Fusspur   footprint

G

Garderobe   dressing room
Gebirgzug   range of mountains
Gefängniswärter   jailer
gefeit (gegen)   immune (from)
Gegenstand   object
Gegenstück   counterpart
Geldschrank   safe
gelehnt   leaning
gemein   mean
Gerichtsakten   court files
Gestalt   figure
gestehen   to confess
gleichen   to resemble

glitzern   to sparkle
Grog   hot punch (Hamburg specialty)
grübeln   to ponder

H

Handwerk   trade
hastig   hasty
Haushault führen   to keep house
(sich) heften (auf)   to stick (to)
herausbekommen   to find out
Herrenbesuch   gentleman caller(s)
heulen   to wheeze
Hinterhof   backyard
Hintertür   rear door
Hochzeitsreise   honeymoon trip
husten   to cough

I

Inhalt   content
innehalten   to pause
Irrtum   error, mistake

J

Junggeselle   bachelor

K

Kabine   cabin
Kamerad   comrade
Karateschlag   Karate blow
Karteiblatt   index card
Kauz   eccentric
keuchen   to puff
Kirschbaum   cherry-tree
klappen   to work out
klettern   to climb
Knopf   button
Komplize   accomplice
kostbar   valuable
Kripo (= Kriminalpolizei)   criminal police
Kurfürstendamm   (name of famous Westberlin avenue)

L

lebenslänglich   for life
leblos   lifeless

Leuchtturm lighthouse
Lieblingswort favorite expression
Liegesfuhl lawn chair
Lorelei (popular song by H. Heine)
Löschpapier blotting-paper
Lösung solution

M

macht nichts doesn't matter
Mädchenname maiden name
maskieren to mask
Matrose sailor, member of boat's crew
Meereswelle ocean wave
merkwürdig strange
Michel (name of famous Hamburg church tower)
Morgenpost early mail
Morgenrock housecoat
murmeln to mumble

N

Nachfolger successor
Nachlass estate
Nachricht message
Nachtschicht night shift
Nachtwächter night watchman
Nacken nape of the neck
Nahrungswissenschaft science of nutrition
Notfall distress, calamity
nötig haben to need
Notiz note

O

Obergeschoss upper floor
in Ohnmacht fallen to faint
Ostagent agent working for Eastern power
Ostblockstaat country in the Eastern block
Ostsee Baltic Ocean

P

Passagier passenger
Passant passer-by
passen to fit
Pelzkleidung fur clothing
Perücke wig

pfeifen to whistle
Plakat poster
Police (insurance) policy
Poststempel post-mark
Publikum audience

Q

Qualm smoke

R

Rächer avenger
(zur) Rechenschaft ziehen to call to account
Rechtsanwalt attorney
Reederei shipping line
Reisebüro travel agency
Riegel bolt
Riese giant
Rotstift red pencil
rot werden to blush
rückwärts backwards
(sich) rühmen to boast
Runde round
Russlanddeutsche ethnic German born in Russia

S

Salve volley
schaden to harm
Schal scarf
Schalter counter
schaukeln to shake
Schiffsdetektiv boat detective
schildern to describe
schillern to sparkle
schliessen (here:) to conclude
Schlosspark park named after a castle
schluchzen to sob
Schmuck jewelry
Schnaps Brandy
Schneehütte igloo
Schuhfabrik shoe factory
schuldig guilty (of)
schweigsam silent
seufzen to sigh
sichern to secure
sonst otherwise
(sich) Sorgen machen (um) to worry (about)

Speisesaal dining room
Spielschulden gambling debts
spüren to feel
Stadtrand edge of city
stammen (aus) to originate (from)
stammeln to stutter
Starter starting knob
Stelle spot
stecken to put, to stick
St. Goar (name of small town on the Rhine)
(im) Stich lassen to leave in the lurch
stöhnen to groan
strahlen to beam
Strandbad swimming beach
Strassencafé sidewalk cafe
Strassenecke corner of the street
Studentenbude student's (rented) room
stürmisch stormy
stürzen to rush
stutzen to be startled

T

Taschenspiegel pocket mirror
tatsächlich really
Tiergarten zoo
treiben to drive
(sich) trennen to part
Tresor safe
(sich) trösten to take comfort
tüchtig efficient

U

über more than
über Bord overboard
übergeben (here:) to be transferred
überlassen to let have
Überraschung surprise
überreden to persuade
übertreffen to surpass
übrigens by the way
umgekehrt reversed
Umschlag envelope
umsiedeln to resettle
unangemeldet unannounced
unbegreiflich incomprehensible
unbegründet unfinished
unerwartet unexpected

Unfall accident
ungläubig incredulous
unglaublich unbelievable
Unglück accident
Unsinn nonsense
untersuchen to examine

V

verärgert angered
Verband bandage
verblüfft taken aback
Verbrecher criminal
verbringen to spend
verdienen to deserve
verdutzt surprised
vererben to bequeath
Vergrösserung enlargement
Vergrösserungsglass magnifying glass
Verhaftung arrest
Verhältnisse circumstances
Verkleidung disguise
verklingen to fade away
verlegen embarrassed
Vermieterin landlady
verminen to mine
Vermögen fortune
Vernehmung interrogation
verraten to reveal
verschaffen to supply
verschlüsseln to encode
Versicherung insurance
Versteck hiding place
Versuchung temptation
Vertrauen confidence
Vertreter agent
verurteilen to convict
verwandeln (in) to change (into)
verwirrt confused
(im) voraus (in) advance
Vordersitz front seat
vorführen to perform

W

Wahl choice
Wandnische wall niche
weisen (auf) to point (at)
(sich) weiten to widen
Werkzeug tools
Wille will, testament
Windschutzscheibe windshield
Wirtschaftsdelegation group of commercial delegates

Witwer widower
woanders somewhere else
wohl probably
Wolgarepublik Volga republic of
the UDSSR

Z

Zauberkünstler magician
Zauberstab wand

Zeile line
Zentner hundredweight
zerknittern to crumple
Zeuge witness
zittern to tremble
Zögern hesitation
Zuchthaus penitentiary
(sich) zurücklehnen to lean back
Zuschauerraum house (theater)
zuvor ago

NTC GERMAN READING MATERIALS

Graded Readers and Audiocassettes
Beginner's German Reader
Lustige Dialoge
Lustige Geschichten
Spannende Geschichten

Humor in German
German à la Cartoon
Das Max und Moritz Buch

German Folklore and Tales
Von Weisen und Narren
Von Helden und Schelmen
Münchhausen Ohnegleichen
Es war einmal

Jochen und seine Bande Series
Abenteur in Hinterwalden
Mit Thespis zum Süden

Comic Mysteries
Die Jagd nach dem Familienerbe
Das Geheimnis im Elbtunnel
Hoch in den Alpen
Innsbrucker Skiabenteuer

Plays and Comedies
Zwei Komödien
Ein Hotel namens Europa
Gehen wir ins Theater!

Real-Life Readings
Perspektive aus Deutschland
Deutsches Allerlei
Direct from Germany

Contemporary Life and Culture
Der Spiegel: Aktuelle Themen in der
    Bundesrepublik Deutschland (Package
    of book plus 3 audiocassettes)
Deutschland: Ein neuer Anfang
Unterredungen aus Deutschland
Briefe aus Deutschland
Briefe über den Ozean
Kulturelle Begegnungen
Amerikaner aus Deutschland

Contemporary Culture—in English
German Sign Language
Life in a West German Town
Life in an Austrian Town
Focus on Europe Series
    Germany: Its People and Culture
    Switzerland: Its People and Culture
    Austria: Its People and Culture
Let's Learn about Germany
Getting to Know Germany
Weihnacht
Christmas in Germany

For further information or a current catalog, write:
National Textbook Company
a division of *NTC Publishing Group*
4255 West Touhy Avenue
Lincolnwood, Illinois 60646-1975 U.S.A.